ORACLE
OF THE
ESSENCES
3rd EDITION

精油
直覺卡

U0064301

莫妮卡‧費娜佐（Monica Finazzo）／著‧趙仁傑／譯

目錄

前言

親愛的共同創造者：

　　我很高興你手裡拿著這本書。

早在埃及時代之前，植物精油（Essences）就已成為我們歷史的一部分，它們被我們的祖先廣泛運用於治療身心靈。同樣地，神諭[1]（Oracles）在所有的宗教和信仰中扮演重要的角色。古代世界的統治者會使用神諭，來幫助他們做出重要的決定[2]。自18世紀以來，開始以卡片的形式來進行神諭占卜，並從塔羅牌中發展出來。

　　儘管神諭占卜和植物精油都是實用的工具，能協助我們連結到最貼近自身的部分——我們的「高我」——但這副牌卡又更與眾不同，因為它完美結合了這兩種絕佳的工具。

　　雖然工業化在過去300年裡，一直在我們世界裡扮演重要的一環，但我們的靈魂並沒有忘記大自然的療癒力量。60年代的嬉皮運動，可說是我們靈魂重新覺醒的時刻，並一直持續至今，現在我們正進入一個重新連結的時代。一個屏除外在噪音和干擾，重新連接根源、儀式以及真實自己的時代。

---

[1]編註：神諭是一種傳統的預言或占卜方式，通常透過特定的媒介與超自然的力量和靈性溝通。

[2]作者註：像1905年的俄羅斯，拉斯普京對尼古拉二世的影響一樣。拉斯普京是當時非常有權勢和影響力的人物，對於尼古拉二世的決策有很大的影響。

要成功做到這一點，最重要的是去重新聯繫起我們早已知道的智慧：以古老的方法療癒身體和靈魂。

「essence」這個詞來自拉丁語「essentia」，它源自「esse」一詞，意思是「存在（be）」。我們每個人的本質都是真實的存有，跟植物的精華沒有區別。在這副精油直覺卡中，每一種植物精油都是以物質和精神的形式保存著植物的生命能量。

當你與這些精油連結時，你不僅與植物所攜帶的訊息和祖先流傳的知識連結，同時也與大自然的智慧連結。集體意識的知識明白一切，它儲存了從大爆炸到現在的所有資訊。大自然總是知道什麼是最好的，在大自然中，我們可以找到生存與繁盛所需的一切。

在開始之前，我想建立一個簡單的概念：在我們物質世界中所呈現的任何東西，在乙太場中都有相應的能量。不用說，每一種精油在乙太網絡中都有一個屬於它的靈性對應物。

集體意識或「網絡」——我喜歡這樣稱呼它——保有我們存在於宇宙間所有的知識。它保存著關於我們的環境以及我們如何走到今天的所有資訊，這意味著自然界將持有比我們自己DNA還要多的訊息，因為它在地球上成形和重塑了無數次。

植物精油與身體不同的化學過程交互作用，以極其巧妙的方式與細胞、脂肪和組織作用。精油通過皮膚、呼吸道或消化道的接觸而吸收到血液中[3]。但是，與其大

---

[3]作者推薦閱讀：《芳療精油的化學》(The Chemistry of Aromatherapeutic Oils)，E‧喬伊‧鮑爾斯（E. Joy Bowles）著。

量談論精油的科學，我更專注於它們在身、心、靈方面所帶來的好處。

當你把精油靠近你的心，你會感受到它們各自帶給你的能量。

和人工產品相比，植物精油為身體和心靈的不同方面提供了更佳的療癒效果。我認為每一種植物精油都是一位強大的元素大師，具備療癒身、心、靈的效用。每種精油會根據它們的來源和不同的化合物，發揮其獨特的專長。

科學家發現，每種精油都存在著許多不同的生化化合物[4]，因此，若說一種精油只對某一特定事物有益處是不準確的，因為精油可以發揮「多功能」作用。談到植物精油能夠乘載和協助情緒時，我們可以談論到許多不同的情緒和存在狀態。例如，薰衣草是很棒的植物精油，能放鬆身體，同時也能減少皮膚灼傷和刺激等不舒服的感覺。

當我連結這些卡牌時，也同時思考與植物連結的過程。植物它在自然界中如何表現、它來自什麼地方、以及它的古老用途為何。我還借鑒了專家的知識，他們畢生專注於植物如何療癒身心靈的知識。

---

[4]作者推薦閱讀：《芳療精油的化學》(The Chemistry of Aromatherapeutic Oils)，E‧喬伊‧鮑爾斯（E. Joy Bowles）著。

　　為了製作這副牌，我做了一些努力。然而，我仍建議你發展自己與精油直覺卡的關係；藉由冥想去感受它，它可能會與你產生另一層次的共鳴。

　　我相信在不同時期，我們都擁有植物精油的某些特性。隨著情緒的變化、宇宙行星的移動和環境變遷，我們會走過每個植物的階段。例如，我們都經歷了「黑胡椒階段」，就如同我們也都經歷了「甜橘的階段」。重要的是你要如何處理及面對。如果你在黑胡椒階段停留很長一段時間，那麼你可能需要完全相反的精油，例如甜橘或佛手柑，來幫助你找到平衡。

　　如果你手上有特定的植物精油，你可以按照建議（按摩、熏香等方式）使用它，但你也可以將特定卡片放在心上，並祈請該精油能量到所需要的脈輪當中，因為每張卡片都帶有植物的靈魂。

　　你可能會發現另一種使用植物精油的方式，那就是連結它，感覺與它同在，並請求特定的植物能量來到你的身邊。

　　這麼說吧，你和精油共同創造的合作效應，會與我跟精油共同創造的合作效應不盡相同。你可能會與精油有不同的共鳴層次。

　　要知道，這種情況沒有絕對的對錯。能量是可彎曲、改變的，無論植物告訴你什麼，它絕對是適合你的。隨著你的能量改變，每種植物要傳達給你的意義和感覺可能也有所變化，所以不要拿每個植物精油的特定涵義來限制自己。就像它們對身體方面的疾病很有用，同時也可以幫助許多情緒層面和精神層面的問題。 你需

要有彈性地找到適合自己的東西！

　　我會用自己的方式與植物精油連結，和它們相處。當你閱讀牌卡時，可能會跑出新的想法和感覺；把它們記下來或寫在這本書後面，如果你想與我分享，我會很樂意閱讀你的想法。

　　當能量相互融合時，就會形成新的創造──這就是我所說的「能量共創」。沒有兩種能量是相同的；每種能量都會受到眾多因素影響，當兩種能量相遇並共同創造時，影響因素會更多。這就是為什麼在你閱讀這副牌卡時，「感受」是最重要的。

　　把植物精油如何影響你的情緒給寫下來，將會是一段驚人的療癒過程。不僅能幫助你覺察你的情緒，而且還會讓你意識到精油是如何轉化這些情緒並與之合作。

　　當我們揭露自己的情緒，並將其帶到我們的表意識時，就能夠處理它們，並以新的正向觀點來轉化它的能量。

如何使用這副牌

　　如我前面所提到的，使用植物精油的方法有好幾種。最常見的就是按摩和熏香。有了這套精油直覺卡，我們將以另一種方式進入植物的能量——「連結」。當然，如果你手上有精油，請隨意以任何適合的方式使用它們。然而，如果你覺得需要某個特定的植物或牌卡的能量，可以將牌卡放在心輪（胸部中央）的位置，並請求牌卡為你帶來特定精油的能量，讓你的靈魂得以浸入該精油的能量當中。

　　精油直覺卡可與精油一起使用，也可以單獨使用。

　　牌卡會顯示該植物精油與哪個脈輪相連，並快速指引該精油代表的涵義。如果你需要一些有關脈輪及其功能的資訊，請參閱本書的附錄。你還可以找到「顏色涵義」的參考資料。

　　這本書會描述每張牌卡所代表的特定涵義。請隨意自在地與牌卡連結，賦予你自己的意義。我們都可能與精油以及圖像產生不同形式的共鳴，所以不要被我所描述的內容所限制。

　　與新到手的精油直覺卡連結的最佳方式，是花一些時間與它相處。你可以把它放在你的包包裡，隨身攜帶一週左右，直到你的能量完全注入這副牌中。你也可以把你的牌卡帶到你最喜愛的大自然某處，使用一些水晶、蠟燭和精油做一個小儀式；或者是坐著冥想15分鐘，慶祝並歡迎精油直覺卡進入你的生活。

要清理牌卡中的舊能量，只需要簡單地設定你的意圖，吹卡片或敲卡片三次。

然後，把卡片放在你的心上，召喚你的指導靈，以及植物的指導靈和守護神，並讓自己保持在平靜、冥想的狀態。你可以選擇在使用牌卡之前，說一段簡單的祈禱文，成為來自宇宙和精油王國之間清晰、純潔、愛和智慧的通道。

舉例來說，祈禱文可以類似這樣：

> 我親愛的內在神性，請讓我看到、聽到、知道、感覺到和聞到真相及唯一真理。請允許我成為一個清晰和純淨的管道，且以愛為領導。請允許我幫助他人和我自己成為至善。

現在，你的牌卡已被啟動，你已準備好與精油直覺卡合作了。

接下來，該是洗牌的時候了。如果你正在為另一個人抽卡，你可以請他們洗牌，而你可以設立意圖，將他們的能量注入到牌卡當中。

抽完牌後，攤開所有牌卡，並根據你的內在指引和直覺，進行相應的解讀。你所選擇的牌陣將取決於你的直覺，也取決於你對解讀牌卡訊息的信心程度。如果你覺得在解讀牌卡或情境中，需要更清楚的指示時，只需再抽出另一張牌，就能獲得額外的指引。

保持開放和接納的心，接收來自植物精油王國的智慧和療癒能量。你可能會感受到植物精油通過你來溝通——就讓它們流動，並信任你的感覺。

牌陣

療癒牌陣
一張卡
初級版

當你準備好時，請洗牌，抽出一張卡。看看牌卡的顏色、精油的名字和文字內容。感受這張牌想告訴你什麼。留在你的腦海裡，傾聽你腦海中浮現的第一畫面。當你有一個初步的想法後，看看這本書，找到特定的精油說明。

今天我能從哪一個精油中獲益呢？

整體牌陣
三張牌
中級版

　　這組強大的牌陣可以針對當事人的身體和情緒健康進行心理上的判斷，目的是協助個案療癒情緒和身體。

　　按照前述「單張牌卡」的步驟操作，但請改抽三張卡。找出每張牌卡的故事與涵義。他們之間如何互相影響？你能用這三張牌來創造一個故事嗎？

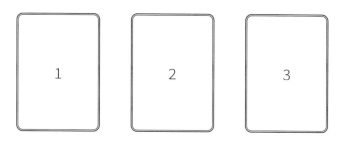

　　你可以選擇以下任一組合做為對應：

卡 1	卡 2	卡 3
過去	現在	未來
情況	行動	結果
機會	挑戰	建議

　　替代方案：你可以運用這種強大的組合，為你的個案創造屬於他的牌陣，盡可能讓個案以對他最好和最安全的方式使用它，或者你可以簡單地呼請牌組中的植物精油能量，並將牌卡放置在心輪上，使能量均勻分配。

脈輪牌陣

七張牌

高階牌陣

這組牌陣涉及到更多個人生活的各個具體層面。請先瞭解你生活的各個面向位於牌陣中的位置，並查閱書中特定精油與生活各層面的關係。

安全 物質需求 錢	慾望 關係 部落	內在力量 自我尊重 賦權	愛 浪漫關係 寬恕

溝通 表達 顯化	夢想 清晰 心智模式	信仰 智慧 精神連結

花朵牌陣

五張牌
高階牌陣

　　花朵牌陣是特別用來處理人際關係的一種牌陣。在解牌時，請留意前三張牌與第四張牌的關係。通常，一個人在關係中喜歡或不喜歡的事情，是將他們綁在一起的基礎。無論是正面或負面的，與牌卡中的這幾種精油合作，幫助你將關係提升至最佳狀態，為關係中的每個人帶來最高利益。

　　請記住，當你在為他人解讀時，你必須請求允許進入你諮詢對象的「訊息領域」。如果答案是「不」，請遵循指導，絕不干擾他人的自由意志。當答案是「不」時，它會讓你感到胸悶，當答案是「是」時，它會讓你感到快樂，讓你心花開。

你在關係中的感受

這段關係的益處

對這段關係的擔憂

是什麼把你們綁在一起？

建議

淨化你的牌卡

　　煙燻法是淨化牌卡的有效方法。你可以用白色鼠尾草或任何其他藥草煙燻它們。菊苣和祕魯聖木都有非常強大的淨化能量可以淨化你的牌卡。

　　另外，我們剛好都是精油愛好者，你可以滴幾滴檸檬草或茶樹精油在你的手中，雙手摩擦，把牌卡放在你的手掌間，對你的牌卡吹氣，它們就準備好接下來的能量解讀。你也可以手持牌卡，讓牌卡靠近熏香機的霧氣上方快速移動它。

　　你還可以使用水晶或奧剛盤。將牌卡放在桌子上，然後將水晶或奧剛置放在牌卡上，保持約15分鐘或直到下次抽卡。

　　好好享受，祝玩牌愉快！

女巫 莫妮卡

牌卡

ARBORVITAE

側柏

完成 – 整體性

智慧小語：「不抵抗是宇宙中最強大力量的關鍵。」──艾克哈特・托勒（Eckhart Tolle）

作為這副牌卡的第一個精油，側柏為其他精油指引了一條道路，其樹頂就像指向天空的箭頭，從這裡到彼端只有一條路，那就是永遠保持向上。

它代表著那些準備好釋放所有掙扎並願意去信任的人。我們不再需要控制；也不必要獨自完成。我們在這個地球上體驗共存共融，雖然時有掙扎，但從這些掙扎中，我們得以學習並成長。

側柏與海底輪和頂輪有關。當側柏失去平衡時，可能會令人感到困惑，不知道該去哪裡，或從何處開始，只能原地打轉。

牌面裡的男人鬆開了他身上的鎖鏈，他蓄勢待發且具備穩定性，準備進入人生下一個階段。牌面上有許多棕色和綠色，代表著接地。胸前的陰陽符號代表平衡，介於一種疏忽草率和明智放手之間的狀態。

寓意：如果這張牌出現，表示你的內心抗拒上天的幫助，又想要控制你選擇的結果。請釋放你對上天力量的不信任；他們都在支持著你。任何值得擁有的東西都不會輕易來到我們的身邊。需要完成該做的功課，你對功課的態度完全取決於你自己的選擇。

肯定語：我把控制權釋放給宇宙。我與自己和平相處。

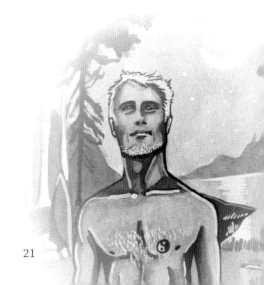

21

BASIL

羅勒

釋放 – 復原

智慧小語：「如果你的靈魂累了，睡眠也無濟於事。」──佚名

古希臘人認為羅勒是打開通往天堂的大門。牌面中的人是一位國王，他慷慨地減輕了人民的痛苦。這是一種可以恢復能量的植物精油，讓你能夠克服壓力和煩惱。牌面中的橙色代表羅勒創造的能量和流動。

羅勒自信而專心。從正面的角度來看，羅勒的個性善於做出決定，並且始終遵循著目標。但是，從負面的角度，它也可以表示憤怒，並將這世界視為權力鬥爭的場所，而非安全的創造場域。羅勒是一個思想家，對精神疲勞特別有幫助。

羅勒也可以幫助解決呼吸問題和神經緊張，其與心

輪相連結，對肺部和腎上腺具有極大的支持作用，可補充身體能量並減輕疲勞。羅勒的個性相信神聖的力量，並深知一切都會好轉。

寓意：如果抽到羅勒，表示你可能需要休息一下，同時關掉煩亂的心。你需要為自己注入充滿希望和正向積極的能量。過度的責任使你不堪負荷，放開掙扎，讓自己輕鬆應對。

肯定語：我很堅強。我很勇敢。

BERGAMOT

佛手柑

決定 - 成熟

智慧小語：「自我接納就是拒絕與自己處於敵對關係。」──納撒尼爾・布蘭登（Nathaniel Branden），心理治療師

牌面中的人物站得很挺拔，並為自己的成就感到自豪──他的經濟作物將被帶往市場。他工作狂的個性得到了回報，現在他有成果可以向他的家人展示，畢竟他很久沒有陪伴他們了。

佛手柑是關於「自我接納」的精油。它從不驕傲；當這個機會出現時，通常很難得，且不管是誰正觀看著它，都會讚賞它，佛手柑為生活帶來希望，並重新獲得樂觀。

佛手柑有助於抗壓和抗失眠。對於那些總是思考

物質生活，思考「他們必須做什麼」、「該如何得到更多」的人來說，是很有幫助的。

佛手柑與太陽神經叢脈輪和心輪有關。佛手柑類型的人，會透過他們賺取多少和做了哪些體力活來評斷自我價值——屬於「我做的越多，我就越好」的個性。這種個性使他們沒有時間放鬆，會將他們的努力放在內心所在之地。

對於佛手柑的性格來說，他們越努力（身體上或情感上），他們就越被社會認可。這也是為什麼佛手柑非常適合處理關節問題和肌肉抽筋。

佛手柑性格的人容易交到好朋友，當別人需要幫助時，他們總是在那裡，可以為他人減輕焦慮和悲傷，可能因為這個原型總是習慣為他人承受重擔。

寓意：你總是為他人著想，但你是否真正想過自己呢？努力工作並充滿熱情地實現夢想是一件好事沒錯，但如果你抽到了佛手柑，代表也許是時候停下來，好好認可並享受你的成果吧！

肯定語：我的獨特是被祝福的。

BIRCH
樺木
支持 – 合一

智慧小語：「你的小支持可以成就大夢想。」——
穆罕默德‧里沙德‧薩基（Mohammad Rishad sakhi）

樺木可以為那些感覺自己不被支持的人帶來盎然生
氣。它幫助人們勇敢說「不」，且不害怕在生活中獨自
而行。

樺木能為那些失去內在力量的人帶來勇氣和信心，
感覺自己不再孤單前行。

你可以看到牌面中有一座小橋通向樺木林，有一個
人鼓起勇氣穿越它。承認自己在沒有歸屬的情況下可能
將變得不完整，是需要勇氣的。我們能夠生存下來必須
感謝彼此，在進化之眼中，我們都是彼此相連的。

樺木與心輪和海底輪連結。心輪是溝通和同理心的

能量中心；海底輪是我們根源的中心，跟我們的部落、家族有關。如果我們出生自不同的家族，會變成什麼樣子呢？你的根源會成就今日的你，他們越強大，你的軀幹就越強壯。樺木長得細，它很容易彎曲；當你的內心在說話時，請保持穩定、站穩腳根。

樺木含有天然的水楊酸甲酯（methyl salicylate），因此以舒緩肌肉和關節疼痛聞名，它刺激性的香氣可以促進力量、溫暖和活力的感覺。樺木精油適合與乳香、薰衣草和檀香進行搭配調香。

寓意：如果抽到樺木，花時間成為可讓人依靠的結實肩膀，為他人提供安全的休息之地。和他人分享你的成功，並持續建立強大網絡的價值。樺木為許多不同的人提供住所，不在意他們的膚色、宗教信仰或性別。成為你希望在世界上看到的樺木。試著讓你的想法更加彈性靈活。

肯定語：我支持別人，反過來，生命也以奇妙的方式支持著我。

BLACK PEPPER

黑胡椒
破壞性模式

智慧小語：「成癮是唯一一個把鎖放在內部的監獄。」——佚名

　　對黑胡椒性格的人來說，他的夜晚總是特別漆黑。雖然外表剛強，內心卻十分柔軟，他們在自省時可以挖掘得很深，至於深淵。

　　他害怕展現真實的自我。他知道，如果深入挖掘自己的感受，可能永遠會走不出來，所以壓抑對他們來說比較容易。他總是忙於處理自己的各個面向。牌面上的月亮象徵我們未知的部分，亦即我們的陰暗面。黑胡椒打開了通往潛意識的大門，它與眉心輪有所連結，而眉心輪是關於心靈和潛意識的脈輪。

　　黑胡椒幫助我們釋放表達情感的阻礙，以及加強接

納自己的能力。它主掌著我們的情緒障礙，將它們放在天秤的兩端——要麼把情緒視為障礙，要麼把它們清除掉。

黑胡椒有助於我們獲得巨大的動力來面對恐懼。它為勇氣帶來了新的可能性。黑胡椒性格的人知道，事情需要改變才能變得更好。牌卡中的紫色即表示願意改變，而黑胡椒本身也有助於改善成癮和消極負面的模式，這並非偶然。

當黑胡椒類型的人決定敞開心胸，這將值得你打開耳朵、細細傾聽，因為他們可能有重要的事情要說。黑胡椒個性的人是很好的朋友，因為他們忠誠又誠實。

寓意：你在隱藏什麼呢？你不想和他人分享自己的哪一面？這張牌的出現是為了讓你可以誠實地面對自己和他人。從躲藏中走出來，表達真實的自己。現在是改變的時候了。

肯定語：我願意改變和成長。我正在創造一個安全的、新的未來。

BLACK SPRUCE

黑雲杉

傳統 – 堅定

智慧小語：「我不會跟著路走，但我會去沒有路的地方，並且留下一條路。」——妙麗葉兒・斯特羅德（Muriel Strode），作家

黑雲杉清新清脆，聞到它的香氣，會讓你感覺移動到了白雪覆蓋的林地。它原產於北美，屬於松樹科。

黑雲杉樹可以承受低溫，並且能在營養不良的土壤中生長，就像獨立於社會地位和主流文化的傳統一樣，是我們社會重要的一部分。黑雲杉的精油可以幫助我們，即使在艱困時刻，也能安全地守護我們的信仰。傳統使我們與過去相互連結，提供共同的經驗，使我們安心，讓我們感到被允許和接納。它有助於更新我們的信念，提醒我們回到真正的自我。

　　這種精油的個性若正面看待，可以使我們想起從家庭和文化中學到的所有美好事物。我們做應該做的事情，因為在我們之前的其他人也做了。另一方面，可能會為自己的來歷以及前幾代人所經歷的掙扎感到尷尬和羞愧，它抗拒過去，排斥過去的一切回到熟悉領域。對傳統的偏見會使你陷於困境，並阻礙你的靈性發展，有時候令你以為革新才是唯一的選擇。

　　黑雲杉的化學成分使它具有良好的防腐性，並對呼吸系統很有幫助，能舒緩肌肉。美洲原住民傳統上將其用於製作膏藥。它與海底輪和頂輪相連結，將我們的家族部落與信念系統，以及因為我們所出生的社會而抱持對世界的感知融合在一起。

　　寓意：回到根本，回到自己的傳統。重新發明輪子是沒有意義的，透過前人學習和測試過的方法，讓事情變得簡單。你想逃避過去的哪些方面呢？ 別忘了你來自哪裡，你的過去會成就你的未來。

　　肯定語：我以開放的心態對待生活。

BLUE LOTUS

藍蓮花

有秩序的和諧 – 幸福

智慧小語：「你必須當一朵蓮花，當太陽在天空中升起時，它的花瓣會被展開，且出淤泥而不染！」——賽巴巴（Sai Baba），印度聖哲

蓮花被許多宗教視為神聖的。它可以追溯到幾千年的歷史，跨足多種文化。

在佛教中，藍色蓮花代表常識。它運用智慧和邏輯來創造啟示。對於埃及人來說，它是最神聖的植物，比其他所有植物都珍貴。該植物與作為光之使者的太陽神拉(Ra)有關。在埃及，蓮花會被刻在紀念碑、卷軸、柱子、聖王的寶座、甚至在頭飾上。

它可以激發靈魂的神性以及心靈的平靜，有助於精神成長和啟蒙。 蓮花雖在淤泥中，卻能不受污染、積極

樂觀地開花，象徵著純潔和復活。

　　當蓮花精油的個性呈現正向時，她在自己的領域中能超越眾人，對領域內的其他人毫不在意。她擺脫了世俗的混亂與困惑，以正向的獨特性展現自己的行為。她與宇宙和諧相處，沒有掙扎或勞累。　她帶你進入一個另類的現實，這個現實結合了快感以及彷彿服用了靈丹妙藥般歡愉的感受。她能夠增進冥想和內省的修練，使「藍蓮花」成為冥想和靈性之光的女神。

　　傳統上，神聖藍蓮花可用於促進性慾、緩解疼痛，營造幸福感、歡快感，並促進血液循環。它既放鬆又平靜，同時又增強了你的所有感官。它連結我們的眉心輪和頂輪。

　　寓意：一切都在好轉；你的財務狀況、愛情生活、健康狀況和職業生涯都在改善。現在，你將釋放並放下所有掙扎，宇宙正在與你一起工作，你必須讓它做它該做的事，讓能量自由流動。你處於完美顯化的時刻，正處於「心想便能事成」的完美平衡中。障礙已消除，機會之門已為你打開。

　　肯定語：我是命運的主人，實相的創造者。

BLUE TANSY

藍艾菊
想像力 – 彈性

智慧小語：「邏輯讓你從A點到B點。但想像力會帶你到任何地方。」——阿爾伯特·愛因斯坦（Albert Einstein）

古希臘人可能是最先種植藍艾菊作為草藥的人。藍艾菊可用於處理腸道蠕蟲、風濕病、消化問題、發燒和潰瘍等。

藍艾菊象徵著一位跳舞的繆斯（文藝女神）。她的衣服像風一樣流動，她的頭腦正集中注意力。過多的思考對她沒有任何益處，因為她現在唯一要做的就是專注於旋律，隨之舞動。

藍色的植物精油支持著喉輪，由藍色能量來統理。當能量不平衡時，可使用橙色光來協助平衡。藍艾菊支

持著我們的表達和行動。它為那些對努力嘗試而毫無明顯結果感到厭倦的冷漠靈魂帶來樂趣和興奮。藍艾菊會幫助克服無聊和停滯感，鼓勵人站起來向前走。

藍艾菊讓人放下死板的心態，並打開個人全新積極的可能性。能量上來說，藍艾菊會排除阻礙你堅持下去及保持樂觀的負面能量。它與喉輪相連，因此藍艾菊跟自我表達以及夢想的實現有關。

寓意：抽到藍艾菊意味著在你生活中需要動力和機動性。是什麼促使你去做現在正在做的工作呢？為什麼要把它放在第一順位去做呢？如果你感到停滯，那麼可能是時候換換風景了。你的思想會顯化自己的現實世界——改變你的想法，將改變你的環境。

肯定語：我允許我的創造性能量自由流動。

GARDAMOM

豆蔻

公平－平等

智慧小語：「絕對不要因為你一時的心煩意亂，做出永久愚蠢的事。」——佚名

豆蔻生長在靠近地面的地方，是植物額外的一部分。它對胃很有幫助，並有助於化解憤怒和敵對的情緒。

當你難以消化強烈的沮喪情緒時，豆蔻會有所幫助。當豆蔻的個性處於正向時，它是寧靜的。 如果她能擁抱你，你會感到舒服，深呼吸後，即可釋放你的憤怒。

豆蔻有助於修復神經衰弱，增強意志力和靈感。豆蔻果實的個性表現出負面特徵時，會帶來思想上的侷限性，具高度批判性和不信任感。豆蔻果實的負面個性容

易使人沮喪，並且失去客觀。

憤怒與紅色有關。豆蔻與第三眼和海底輪有關，混合了太多思想與欲望。豆蔻由火元素所掌管——欲望和強烈興奮感的主宰。你怎麼看豆蔻呢？像蠟燭的靜默火焰？還是像熊熊燃燒的怒吼火焰？

寓意：如果出現豆蔻這張牌，意味著你必須克服挫敗感，為自己的行為負起責任。這對你來說確實很艱難，但請放輕鬆，一切都會好起來的。你應該從不同的角度看待這種情況。深呼吸，要有耐心。

肯定語：我選擇以不同的方式看待事物。

CASSIA

桂皮

力量 – 信心

智慧小語：「確保你把腳放在正確的位置，然後好好站穩。」——亞伯拉罕・林肯（Abraham Lincoln）

相較於肉桂，桂皮是有自信的，她非常看重自己。她的自尊心是平衡的，與這副牌卡中的大多數卡片相比，她屬於不需要什麼事都再三確認的個性。有時她可能會膽怯，因為她試圖不要成為關注的中心。她不喜歡在臉上閃耀著光芒，因為她的仁慈不是為了展現。

當桂皮展現自己時，她是很聰明友善的，直截了當，不做雙面人。 她會直接告訴你她的想法，但是會以優雅的態度行事，不會冒犯到任何人。

當桂皮的個性表現出負面時，可能極需要甜蜜和關懷。她喜歡自己對別人而言是不可或缺的，甚至讓自己

成為「無所不知」的人，好讓別人需要她。 若她自己充滿負能量，會因此將錯誤歸咎於他人。她可能成為自己最大的敵人。

桂皮具有抗菌、抗病毒和明顯消除血管擴張與充血的作用。

你可以將桂皮視為有智慧且充滿自信的女人。這張牌主要的顏色是棕色，表示穩定，紅色則表示熱情和力量。 圍繞在她周圍的書，則代表她可以幫助他人找到自己獨特的才能。

寓意：如果你抽到桂皮，代表你必須找到自己的力量和穩定性。要做到這一點，最好的方法就是在追尋夢想的同時，也能照顧好他人。盡量不要冒犯任何人，並尊重每個人。

肯定語：我在堅持自己決定的同時也做出了寶貴的貢獻。

CEDARWOOD

雪松

積極 – 連結

智慧小語：「壓力是一種選擇，和平也是一種選擇。」——佚名

雪松柔軟、溫暖，且帶有木質氣息。當你感到孤獨，想要確認你的家人和朋友會陪著你時，那麼它將會是完美的精油選擇。雪松可以幫助你勇於認知到自己需要幫助，甚至需要更多的勇氣向所愛之人尋求支持。因此雪松能夠緩解焦慮，也就不足為奇了。

雪松與第一脈輪海底輪連結，這個脈輪與你的部落、家族有關，它們是你出生時就開始建立的社群價值和根源。

當雪松處於正面情緒時，能夠輕鬆而健康地與家人和朋友互動。但是雪松的個性也可能迅速轉變，顯得過

於敏感、執著，以及陷入人際關係的鬥爭中。

雪松對集中注意力、解決泌尿問題非常有用，並且能幫助改善皮膚狀況。

寓意：當你抽到雪松，代表你需要情感上的力量來克服任何可能出現在關係中的衝突。它同時指出你對自己的保護過度，對人際關係有些執著，需要放鬆一點。有時候，被背叛的感覺可能會浮出心頭，盡量簡單看待事情，不使其複雜化。你可能正被各種不確定性所圍繞著，是時候該信任自己並做出正確的選擇。

肯定語：我願意每一天以各種方式在我的生活中給予愛和接受愛。

CELERY SEED

芹菜籽

修復 – 了無生氣

智慧小語：「療癒是時間的問題，但有時也是機會的問題。」——希波克拉底（Hippocrates），古希臘醫師

芹菜籽是一種講究的精油，已被世界各地許多人廣泛使用。因為具備驚人功效及廣泛用途，使得它成為健康愛好者、營養學家和自然療法者的熱門選擇。

芹菜最早在五世紀時被中國人使用，如今已廣泛用於印度阿育吠陀療法中。緩解消化問題是芹菜籽精油的諸多好處之一。它也可以緩解月經不調、水腫和子宮健康等問題。使用這種強大的精油，可以幫助我們疏通並消除那些使我們停滯不前的毒素（生理上或情緒上）。

芹菜籽有助於清除肝臟中的毒素，這些毒素容易導

致憤怒、挫敗和嫉妒的情緒。當肝臟的能量被阻塞時，你可能會感到遲鈍和昏昏欲睡，你所累積的毒素和能量負荷沒辦法被有效地去除，可能會使你感覺承載了過多不需要的能量。當芹菜的個性處於負面時，會使精神變得渾濁，內心感到困惑，使決策變得困難重重，周圍的人可能會覺得你模棱兩可，拿不定主意。

當芹菜籽的個性處於正向時，他知道如何輕鬆解決任何問題，他採用邏輯步驟，解決停滯不前的情況，並有能力弄清楚自己靈魂的能力。他的舉動不帶怨恨，所有的挫敗感都化為積極的行動。

芹菜籽能夠與芫荽葉、檸檬草、葡萄柚和檸檬完美調合在一起。

寓意：是時候該繼續前進了，試著做些改變來督促你的前進。慢慢消除生活中各種形式的有害物質，確保你解決了所有問題。通常你可能不知道該從何開始、不知道如何改變，這是正常的，向芹菜籽精油尋求協助，並確認你看到、聽到和感受到這些訊號。無論遇到什麼情況、情緒或人物，你一定會脫離困境的！

肯定語：隨著許多正面的機會為我打開，我將帶著愛持續向前推進。

GILANTRO

芫荽葉

改變 – 自由

智慧小語：「我寧願危險的自由，也不願和平的奴役。」——湯瑪斯‧傑佛遜（Thomas Jefferson），美國第三任總統

芫荽葉精油的特色是釋放和淨化。就像一位年輕的嬉皮士，沒有煩惱和物質負擔，芫荽葉會尋找快樂的方法和生活上的樂趣。當芫荽葉穩定時，它是超級隨和且自由自在、毫無拘束的。

芫荽葉幫助你拋下那些不再服務於你的事物，並找尋可以豐富你靈魂的事物。芫荽葉的個性非常敏感，像指南針一樣跟隨著情緒跑。當它處於不平衡時，可能會陷入癡迷，讓每個人都相信他們正走在正確的道路上，每個人都應該跟隨他們。他們可能會有點拘泥於自己的

方式，並試圖控制別人跟隨他們的幻想。

　　芫荽葉富有草本植物的香氣、柑橘和清新的味道。它能幫助淨化和排毒，對過敏和胃部不適亦有助益。它能與羅勒、芫荽、檸檬草、萊姆和生薑完美調合。

　　寓意：如果你太死板，在某種程度上失去了自由，芫荽葉就會出現在你的牌陣中。把自己從精神奴役中解放出來吧！它也建議你可以做一些排毒的練習，多吃未經加工的水果和蔬菜，或者禁食一段時間。

　　肯定語：我選擇在我做的一切中體現自由，我透過釋放不再服務我的事物來創造完全的自由。

CINNAMON

肉桂

性－創造力

　　智慧小語：「你不能強迫化學反應在不存在的地方出現，同樣的，當它出現時，你也不能否認它。」——佚名

　　肉桂辛辣又愛玩。她很性感，對她的身體感到舒服自在。你一不小心，可能就會惹出麻煩、玩火自焚，因為她可是歡愉的女神。

　　肉桂有助於血壓、膽固醇和心臟問題。它也有助於性欲和性能量的發展。肉桂被認為是一種強大的催情劑。

　　肉桂連結心輪、臍輪和海底輪，可以幫助你接納你的自我形象，並對你的身體感到滿足。

　　肉桂與天蠍座有關。它可以非常感性，但同時也容

易感到怨恨與不安全感。肉桂的個性是忠實、有趣且直覺性強的。但是,當肉桂的個性失去平衡時,可能會顯得嫉妒和控制,極具企圖心,且懷有祕密。

寓意:當肉桂出現在牌陣中,表示你的身體需要照顧。肉桂可以幫助我們重新獲得對自己的信任,在任何情況下都可以感到穩定和安全。它提醒你在慾望中找到平衡,並釋放掉對人或事的控制欲。你的創造力就是你的性能力──為這種共同創造的驚人力量敞開心扉吧!

肯定語:我充滿靈感和創造力。

CITRONELLA

香茅

驅散 – 彈性

智慧小語：「她勢不可擋。不是因為她沒有失敗或懷疑，而是因為，儘管有失敗或懷疑，她仍然繼續前進。」──碧兒·塔普林（Beau Taplin），詩人

香茅高大的綠色葉片營造出宛若檸檬般令人心曠神怡的交響曲，並與土元素形成深厚的連結。從這種植物的莖葉中所蒸餾出的精油，感覺像極了檸檬草。

香茅油以驅除蚊蟲的優點而被廣泛使用，不過大多數人普遍認為它也具有清除煩惱和助眠的出色效果。香茅精油具防腐性，可以協助輕微感染的人抵抗腸道寄生蟲，減少令人討厭的發炎症狀，避免過多出汗並均衡膚色。它被廣泛用於香水產業，同時也被應用於全世界的肥皂、蠟燭、線香、化妝品和調味品等行業。

香茅富有情感和活力，具鎮靜和清潔效果。它可用來冷卻和消除負面情緒。

香茅精油是放鬆和友善的，但不要誤會她的特質，以為她是脆弱和寬容的，香茅可以透過多種方式掌握自己的力量。當她處於正面時，她能夠安定人心，並樂於陪伴左右。她擁有驚人的力量，可以驅逐傷害她和她所愛的人。她願意毫無怨悔地為公平而奮鬥，除非任務達成，否則她不會放棄。她會為弱者而戰，也鼓勵弱者為自己而戰。

正因為擁有堅韌的心智，香茅可能不知道何時該止損。她可能會迷失於太過理想化的人生觀中，使她無法欣賞自己已經擁有的事物。

香茅精油與火元素和臍輪相關連，被認為可以保護、清潔和淨化氣場。它通常用於儀式的淨化和消毒。她鼓勵自我表達，讓自己更透明、更真實。

香茅精油可以跟天竺葵和檸檬搭配得很好，是一種具滋養作用又能帶來歡樂的精油。

寓意：為自己發聲。不要讓自己心力耗竭，或是對卑鄙的勾當有所回應。為了減少風波而寧可隨波逐流的話，實際上會給自己帶來更多的壓力和焦慮。勇於面對問題，將使你拿回力量，把事情做得更好，並能減少外界對你的控制。記住，人們不懂你的想法，如果你不說出你的困擾，沒有人會知道。

肯定語：每一天的我將變得越來越自信和篤定。我可以自信地控制住任何情況。

CLARY SAGE

快樂鼠尾草
直覺 – 清晰度 – 週期

智慧小語：「永遠不要因為相信自己的直覺而道歉。」──瑞秋·沃爾欽（Rachel Wolchin），作家

快樂鼠尾草是一種可用來療癒內疚、執著、悲傷和冷淡的良好精油。她會擁抱她的願景，能幫助你改變視角，從不同的角度看待世界。

快樂鼠尾草的個性是自信的、有創意的，且非常靈性。它是支持情緒的支柱。當它失去平衡時，快樂鼠尾草的個性可能會變得不明確、執著且愛哭──就像是一位在受害者和操弄者之間博鬥的脆弱女人。它在疑心中迷失自我，它的恐懼造成精神疲勞。

快樂鼠尾草幫助我們看穿個人的限制性信念，並強化做夢和觀想的能力。它與有關創造力及生殖系統的第

二脈輪臍輪連結，特別有利於增強直覺，不論男性或女性。

　　快樂鼠尾草有助於照料女性生殖系統的發展、女性生育能力和月經週期的結束，可能有助於子宮內膜異位、不孕症、更年期、潮熱、失眠和泌尿健康。

　　寓意：相信你的直覺，跟隨你的心。人生的旅途難免會很艱難，嘗試跳脫框架去尋找答案。允許接收你的靈魂要給你的訊息。有時候，你會感到圓滿，有時候，會感到跌入黑暗，現在是時候意識到情緒的週期如何影響你，並與它們同步共振。

　　肯定語：我連結我的內在願景。我信任並行動。

GLOVE

丁香

決心 – 賦權

智慧小語：「知道你的限制性，然後逆轉它們。」
——佚名

丁香幫助那些放棄自我力量的人，提昇說「不」的勇氣，幫助你擺脫限制性的行為模式。

在這張牌裡，丁香代表一位女戰士，獨立且有能力。她幫助你平衡情緒，增強決策力和自信，並減少自卑和情緒的軟弱。

當丁香的個性處於平衡時，她可以果斷且冷靜地做出重要決定。反之，丁香在情感上可能會顯得脆弱且缺乏自信。

丁香被用於牙科方面急症的止痛藥。它是一種天然抗寄生蟲劑，有助於溫暖消化道。如果你允許它，它會

逐漸麻木你的感覺，因為在這些阻礙背後，有著一顆柔軟的心。

寓意：你正在學習謹慎地處理問題，並找出值得信任的人。即將會有個重要決定要做，但別怕，一切都在你的掌握之中。這次就允許讓膽識引領你前進吧！

肯定語：我很果敢，我有信心。

COPAIBA

古巴香脂
成長 – 成就

智慧小語：「不要害怕完美，因為你永遠達不到它。」——薩爾瓦多·達利（Salvador Dali），藝術家

　　古巴香脂是從南美洲的羽狀葉豆科植物的樹幹上所獲得的樹脂。自16世紀以來，巴西當地人就開始使用古巴香脂精油作為醫療用途，民間療法也將其用於口服或作為治療各種疾病的藥膏。

　　近期研究發現，古巴香脂的效用來自於其抗發炎和抗腫瘤的特性。這種特殊的精油與大麻精油一樣，具有刺激我們體內感官的相同力量。

　　古巴香脂可以幫助你認清自己的真實面，消除那些你不再需要的心智模式，並照亮你的內心。

　　當古巴香脂的個性處於正面時，她承認我們都會

犯錯，而錯誤是自我成長和自我完善的一部分。另一方面，古巴香脂的負面，則會讓我們很難完成尚未完成的事情——我們總是會認為自己可以再做得更好，永遠不懂得欣賞那些真正的成就。

古巴香脂在鏡頭前和人群前力求完美，但她沒有看到其他人看到的美麗。古巴香脂有助於找回真正的自己，使太陽神經叢輪的能量與心輪對齊，這意味著她不怕向世界展示她真正的內心。

寓意：如果抽到古巴香脂，建議你放下完美主義，欣賞你已完成的成就。你已經走了很長一段路，也做了很多事，是時候獎勵並祝賀自己。釋放你的不完美，並專注於自己的優勢。深深地為你的靈魂榮耀，並與之和諧相處，讓自己沐浴在神聖的啟發以及慶祝的時刻。

肯定語：我是我的奇蹟。我本身就是奇蹟。

GORIANDER

芫荽
視角 - 人生使命

智慧小語：「每個人生來都有一定的使命要完成。每個在地球上行走的人，都有他在生命中的責任。」──厄尼斯特·海明威（Ernest Hemingway）

芫荽鼓勵我們走出框架，不加評判地探索那些使我們與眾不同的獨特之處。我們都有世界上獨一無二的特殊禮物，而你的禮物是什麼呢？

芫荽鼓勵你尋找你真正擅長的事物，走出自己的路，跳出屬於自己的舞步，活出自己的真理。

當芫荽處於負面時，會感覺自己被隔離開來，在迴圈裡轉來轉去，哪兒也去不了。

多年來，芫荽一直被廣泛應用於處理消化問題，它也是一種鎮靜劑，有助於舒緩關節疼痛。芫荽適合與生

薑和丁香精油調合在一起。

寓意：如果芫荽出現，代表你目前的生命還缺乏一些真實性。花點時間探索你的人生使命，規劃如何在地球上實現自己的使命。芫荽是你今天為明天所種下的種子。保持耐心，找回自己需要時間和奉獻的精神。

肯定語：我隨時與我的目標保持一致，現在我正在實現我的使命。

GUMIN

孜然

靈活 – 旅程

智慧小語：「如果我們註定要待在一個地方，我們需要有根而不是有腳。」——瑞秋‧沃爾欽（Rachel Wolchin），作家

孜然可說是「旅行的精油」，也是許多文化中會使用的絕佳香料，經常為亞洲人、非洲人和拉丁美洲人使用。它的用途廣泛，對胃部、呼吸系統疾病和糖尿病有很大的幫助，並對增進認知功能有助益。

孜然是隨和且足智多謀的。當孜然處於正面時，他能迅速解決問題，輕鬆、毫無阻礙地消化壓力。然而，他可能也不好相處，因為這個精油是由火元素所掌管。孜然充滿了興奮，喜歡為別人的生活增添趣味。

牌面上的孜然是一位青壯年，他擁有探索世界所需

的一切，正在等待合適的時機採取行動。

孜然精油適合與豆蔻、生薑、芫荽葉和芫荽等精油調合在一起，這幾種精油都含有一部分的孜然特性，例如勇氣、決心、興奮和公平。

寓意：如果出現這張牌，代表你的答案可能存在於一趟旅行中、或是與海外或國際事務連結。願意接受不可避免的變化是很重要的。

肯定語：在我旅行的世界裡，我不斷地創造自己。

GYPRESS

絲柏

適應性 – 不可滲透性

智慧小語：「改變一開始是困難的，中期是混亂的，後期是美好的。」——羅賓‧夏馬（Robin Sharma），作家

絲柏以其容易彎折而聞名。這種精油可以幫助調和過多的僵化，為情況帶來流動和轉化的能量。當絲柏的個性處於平衡時，可以接受改變的發生，並放下一些不再需要的東西。它能看穿孤獨和怨恨，有自信地找回內在平靜。

當情況需要盡快轉變，心態需要180度轉彎時，就可以使用絲柏。在希臘神話和古羅馬時代，絲柏與魔法、重要轉折點及地下世界有關。在火葬過程中，絲柏被用來熏蒸空氣，以確保靈魂可以通往正確的路途。

　　牌面中的絲柏像一座塔，根部微弱，但頂部鬱鬱蔥蔥。當根基尚未紮穩，又需要面臨重建時，就容易帶來劇烈變化。空氣在背景中流動，後面的其他絲柏隨風彎曲。風元素和水元素都有運動和流動的象徵涵意。

　　絲柏對於子宮內膜異位症、卵巢、前列腺、咳嗽、失禁、尿量少和腿部循環不良等問題有幫助。它與海底輪有關。

　　這種精油適合與薰衣草和佛手柑調合在一起，就像是需要清晰的溝通、耐心和自信才能創造改變。

　　寓意：當絲柏這張牌出現時，代表你的生活即將有所改變，將會有新的面貌、新的想法和新的機會來敲門。許多懸而未決的問題將會隨風而逝，為更多有趣的事情留出空間。你需要快速適應變動並順其自然。記得好好扎根、建立堅實的基礎。

　　肯定語：我以和平、和諧和正向的方式擁抱變化。

DILL

蒔蘿
快速發展

智慧小語：「如果一個人與同伴不同步調，也許是因為他聽到了不同鼓手的鼓聲。讓他與他聽到的音樂同步，無論近或遠。他能否像一棵蘋果樹或橡樹般成熟並不重要。他會把他的春天變成夏天嗎？」——亨利·大衛·梭羅（Henry David Thoreau），《瓦爾登湖》（Walden）

蒔蘿可以舒緩肌肉，幫助身體排毒。其精油被廣泛應用於肥皂製造業和食品生產業。

蒔蘿的強烈氣味，使它和茴香及香芹籽一樣評價兩極：你要麼喜歡它，要麼避之唯恐不及。此精油伴隨快速發展的特質，因為不同的人會有不同的節奏，速度過快或過慢可能會給不同個性的人帶來壓力。

　　當蒔蘿處於平衡狀態，它會積極主動，並創造合理的想法來毫不費力地推動前進。太基礎的東西對蒔蘿來說很無聊，它會超越自己被教導或告知的事物，走得更遠更好。

　　在專業環境中，蒔蘿會讓自己茁壯成長。它渴望擁有更多，並能夠將一切管理得很好。如果蒔蘿的個性變得不平衡，那麼一切都是匆忙完成的，忽略對細節的關注。

　　寓意：抽到蒔蘿意味著你需要加快或減慢你正在做的事。也不要將放慢腳步與沒做事混為一談。放慢腳步，意味著在你所做的事情中找到平靜，可以輕鬆無負擔地去做，畢竟你不想失去你的動力。

　　肯定語：我正以內心的平靜和平衡前進。

DOUGLAS FIR

道格拉斯冷杉

尊重 – 智慧

智慧小語：「贏得尊重，誠實即受到讚賞。獲得信任，就能得到忠誠度。」——奧利克‧艾斯（Auliq Ice）

　　道格拉斯冷杉是所謂的「祖父油」。這種美麗的松樹可以長到100多公尺高。它很強大，可以支撐大量的樹枝，就像一位好祖父，造福後代，為後代著想。

　　這張卡出現時，代表你生活的某些方面，需要用你祖先的智慧來重新審視。道格拉斯冷杉就像你父親的智慧遺產，將它想像成你家族的基礎根基。

　　當你感到孤獨，感覺失去了與根源的聯繫時，你會需要道格拉斯冷杉。當你想要與傳統有所連結，那麼這個精油是個關鍵，一如道格拉斯冷杉被視為經典的聖誕樹一樣，它幫助你追溯本源、貼近傳統文化。

當道格拉斯冷杉處於負面時，它可能會自我毀滅，或是只顧自己的利益；但在正面的狀態下，對後代們來說，它象徵著永續性，如同岩石般的存在。

道格拉斯冷杉對呼吸系統有益，並有助於緩解身體的緊張。它可以幫助個人處理類風濕和關節炎的問題，有這些問題表示自己可能在面對變化時，容易有情緒上的困難；個性太過僵化，對很多事情都覺得不夠滿意。

這張牌為你呈現北美紅色峽谷中的松樹林，代表著世代傳承無可限量的深度。飛越峽谷的老鷹及雲中所現的美洲原住民，則象徵著我們的祖先透過「我們是誰」來展示自己。

寓意：道格拉斯冷杉提醒你放下過去的痛苦、內疚和悲傷。想想你在這個世界上為後人留下了什麼東西和教誨？你是年輕人的好榜樣嗎？你是否足夠開明，能夠看到你未曾考慮的可能性？並記得尊重老一輩的人：他們越年長，知道的就越多。

肯定語：今天，我為自己贏得了一切尊重和感激。

EUCALYPTUS

尤加利

解放－幸福

智慧小語：「成功有許多面向，物質財富只是其中一部分，成功還包括良好的健康、能量和對生活的熱情、充實的關係、有創造力的自由、情感和心理的穩定、幸福感和心靈的平靜。」——狄帕克·喬布拉（Deepak Chopra），作家

尤加利就像穿著夾腳拖、腳上沾滿沙子的澳大利亞人一樣隨和。她不會被八卦和戲劇性的事物所吸引，因為她知道生活不止於此。

當我們喘不過氣時，可能會感到情緒不受控制。我們也可能因為承擔某種責任而喘不過氣，甚至因所愛的人而感到窒息。

有時候，生活會有點阻塞——我們不能說「不」，

我們意識到，自己已經同意太多需要消耗大量時間和精力的事情。這些耗費心力的承諾顯示我們害怕錯過任何一個好機會。但我們的心態其實是匱乏而非豐盛的。

　　無論情況如何，希望你能明白，為自己騰出時間並不是在浪費時間。這是為了修復和歡迎新機會進入你的生活。調整問題的第一步，就是把這件事納入你的意識。

　　尤加利是促進呼吸系統健康的神奇精油。它也是有效的止痛劑、抗菌劑和殺蟲劑，使清潔順利且高效。

　　寓意：抽到這張牌意味著你需要呼吸新鮮空氣，從責任中喘口氣，讓自己解放。氣味和聲音會透過空氣傳播，讓自己沐浴在生活的氣息中。深呼吸，並繼續前進。將你道路上的阻礙搬離，或者跳過它。沒有什麼比在路上順利跳過坑洞還更好的事了！

　　肯定語：我為自己爭取健康與和平。 我擁有永恆的幸福。

FENNEL

茴香
強度 – 壓倒

智慧小語：「你必須要很奇怪才能成為第一。」——蘇斯博士（Dr. Seuss），作家及漫畫家

茴香古怪、有趣和充滿耐心。心情好的時候，思想很開放。茴香精油處在正向時，它的生活輪盤會轉向「興奮模式」，沒有什麼是它不能處理的。

茴香連結太陽神經叢輪。它是一種味道很濃烈的小種子，因此茴香的個性是絕對不會被忽視的。然而，茴香也可能會表現出控制慾和壓迫性，藉由貶低他人來表達他們的自尊問題。茴香有時也會以自我利益為上，使得它被阻礙和孤立。

茴香對胃非常好；它有助於改善自卑和自我排斥的問題。它喜歡提供建議，因為它知道社會規則如何運

作。茴香總是在移動,且總是在尋找解決方案。

寓意:你可以看到牌面上的茴香像一位權威人士,彷彿要給某人下一個判決。如果你抽到這張卡,代表你需要評估你在生活中過度控制的傾向。這張牌鼓勵你放手,讓事情自然而然地發展。想想看,你投入了這麼多精力,卻仍然毫無成效,是不是感到沮喪呢?請記得,太過死板是沒有幫助的。

肯定語:我相信我的過程,並慶祝我的進步。我享受生活各方面的靈活性。

FRANKINCENSE

乳香
重生－修復

智慧小語：「你不能改變真相，但真相可以改變你。」——邁克·霍克尼（Mike Hockney）

乳香被譽為「精油之王」——一位公平正義治國的好君王。 他是一位救世主，因為他將真理帶給這個世界，以及擁有這種精油的幸運之人。

乳香與神聖幾何的創作泉源以及宇宙的形式和結構密切相關，它的本質涵蓋了世界的數學。

乳香集智慧、聰明和力量於一身。與其他精油不同的是，它總是能保持平衡，以正確的方式使用它的力量。他能夠增強其他精油的能力，以及形塑時間。乳香可以修復任何類型的疤痕，無論是情感上或身體上的，還可以修復老人斑和皺紋，並對發炎症狀非常有效。

乳香這種神奇的精油，有助於細胞在成長、衰老的過程中，維持細胞的永續性。他將神聖資訊下載到我們的DNA中來協助身體，並透過辨識細胞改善受損的DNA分子。

乳香是創造力和持續性的關鍵。它有助於你看穿事物表象的面紗，並跟隨你神聖的心。他很堅強、聰明，像傳奇巫師梅林一樣。他一直在學習和進化。

在牌面中，乳香握著帶有DNA符號的手杖，其身後的樹木則象徵著他的智慧和古老知識。

寓意： 在牌卡的解讀上，乳香象徵著對自己和他人的真相已然來臨。尊重你靈魂的各個方面，現在是時候用智慧和愛修復任何破碎的部分。你是煉金術士，顯化正為你發生。好好享受旅程。請記得，只要你願意，生活可以是神奇的。

肯定語： 我的皮膚、我的頭髮、我的臉、我的身體、我的血液、我的能量——存在於我的每一個粒子——我的氣場、我的脈輪、我的心智、我的大腦、我的靈魂和我的精神，此時此刻正被療癒、修復和更新。

GERANIUM

天竺葵

接受－滋養

智慧小語：「軟弱和強壯是很少有人能同時掌握的組合。」──雅斯門‧莫格黑德（Yasmin Mogahed），美國教育家、勵志演講人

天竺葵的能量對應於心輪；其精油可與愛、信任和接受的能量產生共振。天竺葵將協助你看到事物的正面，並增強你對所愛之人的寬容度，接納並愛護他們原本的樣貌。

天竺葵以非常溫柔、精巧的方式療癒內心。它是帶有花香味的精油，其本質具有滋養、寬容和同理心。一旦你失去信任，天竺葵就會幫你找到它。

天竺葵協助處理女性情緒，如情緒波動、經前症候群、更年期和產後憂鬱症等。它能為感到自己被忽略的

人帶來慰藉。同時它能為皮膚，肝臟和腎臟帶來良好的支持。

當天竺葵的個性失衡時，我們會產生嫉妒和復仇的情緒，感覺內心深處有一股怨恨，等待完美的機會報復給冒犯自己的人。

牌面裡的天竺葵是一位美麗的母親，這張牌用很多不同色調的粉紅色所彩繪。她看著她的寶寶，臉上帶著美麗而溫柔的微笑，散發著平靜及信任的氛圍。

天竺葵適合與檀香、薰衣草和廣藿香調合在一起。

寓意：如果出現這張卡，代表你內心可能有很深的議題正在掙扎。它想提醒你：你是美麗的，而這個挑戰只會使你變得更堅強。你能照顧其他人，在滋養他人方面有著充分的連結，但也許你會忘記照顧、滋養自己。有時候寬恕是必要的；為你的生活騰出空間來吧。

肯定語：我是值得的。

GINGER

生薑

明確的意圖 – 勇敢

智慧小語：「擁有真正權力的人分享它，而那些渴望權力的人濫用它。」——羅亞爾頓·安布羅斯（Royalton Ambrose）

生薑的個性充滿責任感。它能掌握自己的行動，且不害怕向前邁進。生薑的個性擁有明確的目標。它自信、果決和勇敢，不會讓任何人以自己或他人的權利來阻礙其前進的行動。

當生薑個性不平衡時，會表現出軟弱、無能和失落。人會變得對生活漠不關心，負面情緒也可能會傷害自己的免疫系統。生薑的個性很務實，有時甚至很固執。當我們的乙太體有太多的火能量時，我們會擔心失去對事物的控制而適得其反。

生薑對男性生殖系統、免疫系統和胃部有好處。它連結到太陽神經叢輪，負責消化系統和個人的自信與自尊。 生薑能激發動力和行動力。它會帶給你信心去充分發揮自己的潛力。生薑與土元素和火元素有連結，它能帶來實際的想法，但又充滿動力、穩定性和樂趣；就像植物的根一樣，打下基礎，灌輸耐性。

生薑適合與檸檬、乳香、薄荷和茴香調合在一起。

寓意：如果出現這張牌，意味著你有一項任務需要完成，而你也會完成它。你有清晰的願景，路徑也已經打開。然而，你可能還是會遇到一些阻礙：請記得確保自己做出周全的決定。

肯定語：我很有自信，同時也能體諒他人。

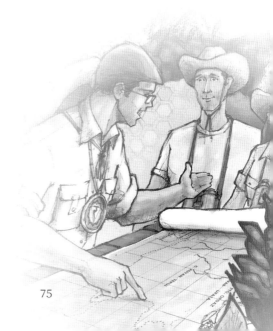

GRAPEFRUIT

葡萄柚
排毒 – 不滿足

智慧小語：「假如不夠完美，會發生什麼事情？」
——史考特 · 韋斯特費德（Scott Westerfeld），《美人兒》

葡萄柚是一種正面的力量，令人振奮、充滿能量和活力。葡萄柚能夠激勵許多人，並釋放人們內心的不安全感。葡萄柚會支持任何看似重要的事業或目標，並完成每一件已經開始的事。

當葡萄柚處於負面時，總是需要被認可和感到被支持。它難以獨立工作，如果沒有人觀看，它也不會有動力做事。它總是識人不清，從過度信任人的一端，到難以信任人的一端。葡萄柚無法處理背叛的感覺，它很容易受到他人影響。

葡萄柚是一種神奇的精油，可以支持新陳代謝、身體排毒，並幫助減少對糖的渴望。

寓意：如果出現這張牌，代表你可能會評估自己正在做的事情背後的原因。重要的是，要做能讓自己的內心歡唱的事，而不是按照別人的標準做認為該做的事。留意自己都用什麼東西餵養自己的身心靈，讓自己圍繞在正向的事物裡。你是非常有價值的，好好照顧自己。想想看，什麼地方需要大掃除呢？是你的身體、思想，還是你的房屋呢？

肯定語：我完整地活著，並存在於每個當下。

HELICHRYSUM

永久花

保證 – 精微能量

智慧小語：「瞭解宇宙的真相，遠比堅持於多麼令人滿意和令人放心的妄想要好得多。」——卡爾・薩根（Carl Sagan），天文學家

永久花是屬於雛菊家族的植物。它生長在地中海周圍岩石、沙質的乾燥地面。其葉子到花朵的香味令人驚嘆，已被許多人用來調味食品和作為醫藥用途。

當此花乾燥時，可以保存很長時間，因此被稱為「永恆之花」。永久花是眾所皆知的神奇精油，它能舒緩和癒合任何類型的皮膚問題，從痤瘡、曬傷到濕疹都能應付，它也被廣泛應用於處理發炎和疼痛的症狀。

這支強大的精油可以打破許多障礙，幫助個人識別過去的創傷和虐待所造成的傷害。

即使受傷也是沒關係的，但更希望你能夠超越所有的痛苦，重燃你的希望。永久花會以溫柔的力量，幫助你在精神、情感和身體上的轉變。它將治癒你的傷疤，並為你的重生提供一個平坦、安穩的舞台。

抗拒改變是正常的，尤其當你經歷了這麼多的痛苦。我們必須找到一種方法，離開痛苦的迴圈，釋放那些被卡住以及尚未解決的情緒。

牌面上的永久花是一位美麗的女精靈，正離開黑暗的森林，進入蓊鬱的綠林裡。她穿著一件閃亮的黃色禮服，為她所接觸到的一切帶來光明。動物們都在看著她，因為她的美麗和智慧吸引了大家的注意。

寓意：若這張牌出現，代表在祝賀你所有曾付出的努力。現在是時候讓你輕鬆行走，甚至開闢一條新的道路。擺脫惡性循環並非總是那麼容易，不過當你抽到這張卡時，可以放心的是，宇宙知道你的生活經歷了很多苦難，只是希望你更勇敢、堅定。什麼是你目前最大的痛苦呢？只管臣服其中，信任一切！

肯定語：我臣服於痛苦；我相信我已經明白它要帶給我的課題。

79

HINOKI

檜木

組織 – 尊重 – 協調

智慧小語：「每種經驗，無論好壞，都是珍貴的收藏品。」——以撒·馬里昂（Isaac Marion），作家

　　檜木精油為我們帶來以日本文化為靈感所啟發的結構和心智組織。其葉子相似於宇宙的神聖結構，提醒著我們，地球始終沐浴在神聖的秩序當中。尊重現在和將來的一切。沒有什麼是隨機的，沒有什麼是巧合的，一切都經過精心安排。

　　當檜木處在正面時，他對生活採取平靜的態度，他展示了力量，也展示了比自己更大能量的脆弱性。他能夠感覺到某種神聖的計劃要實現，而他準備好順應他所命定的浪潮。

　　另一方面，不平衡的檜木可能會成為環境的受害

者，使自己隔絕於未曾發現的可能性中，並對神聖秩序失去信心，在充滿侵略和敵意的面紗下受傷。

日式花園的甜美芬芳帶來舒適的感受，並開闢了新的可能性。它捨去了不需要的東西，為更重要、更優先的事物留出空間。它可以解放思想，讓你跳出框架，但又不會太天馬行空。它帶來了希望和穩定感。

檜木以天然殺菌的功效、抗病毒和真菌的能力而得到認可。它能幫助身體放鬆、消除心理上的緊張和壓力。檜木也被作為天然抗生素、抗發炎劑、免疫增強劑和殺蟲劑。

寓意：有一個需要你去遵循的秩序正在展開，而且比你所處的情況要宏觀得多。保持協調性是必要的。事情會落在正確的地方。你必須創造足夠的空間，讓宇宙得以開展祂要顯現的事物。放棄並不能解決問題，相反地，勇敢地站起來，可以幫助你找到清明和力量。保持毅力，便有機會收穫獎勵。我們總會有一個早晨起床的理由。只要你還活著，生活就會有方向和目標。

肯定語：我尊重我的使命，並有意識地與宇宙智慧共同創造。

JASMINE

茉莉

結局 – 生育

智慧小語：「事情永遠沒有真正的結束，無論快樂或不快樂。事情會持續發展著，重疊且模糊，你的故事可能是你姐姐故事的一部分，也是許多其他人故事的一部分，而且沒有人能預知它們會走向何方。」——艾琳·莫根斯坦（Erin Morgenstern），小說家

我們的靈魂始終存活著，就像一顆乾燥的豆子，等待澆水後便能發芽。它耐心地等待機會實現夢想、希望，以及新的週期展開。

當我們帶著正面的方式使用茉莉時，我們得以擁有以及創造新生活和新機會的神聖女性能量。當茉莉的精油處於負面時，它可能代表親密問題，以及因缺乏創造力而停滯的能量。茉莉可作為催化劑，以充滿激情的

方式結束某個週期，但也以愛和關懷的方式創造新的週期。

　　牌面中的茉莉是一位白色的女神，月亮在她身後。她手拿一個杯子，象徵著情緒。她是掌管死亡和生育的精油。黑色、白色和灰色是代表夜晚的顏色，為月亮的登場拉開序幕。藍色則代表被遺留下的日光，也代表水元素，守護靈魂的情緒與感受

　　茉莉因其對荷爾蒙和神經系統有積極的影響而備受矚目。茉莉精油可能有助於改善認知情緒反應，使我們對物質世界有更好的感知。

　　寓意： 當茉莉出現時，建議你順其自然。有時候逆流而上反而不值得。舊的週期即將結束，這個章節即將來到尾聲，新的章節將會蓬勃發展。對於不可避免的變化保持輕鬆。此刻正在發生的事情，是過去你所種下意圖的副產品。因此，學著對自己創造的一切負責。

　　肯定語： 創造力流過我身體的每一個細胞。我是一個強大的創造者。

JUNIPER BERRY

杜松漿果
鏡子 – 意識

智慧小語：「所有激怒我們的人，都會讓我們更瞭解自己。」——卡爾‧榮格（Carl Jung），心理學家

杜松漿果的個性充滿自信、內在智慧和開放性。它是夜晚的精油，幫助那些不願意面對自己陰暗面的人。它連結我們的第三隻眼和潛意識。當我們不再與自己不喜歡的事情對抗時，就會意識到，原來我們可以從這些事情中學到很多智慧。誠實審視自我所帶來的恐懼如同在物質世界中創造鏡子，向內映照，使靈魂有所覺悟。

當杜松漿果的個性失衡時，可能會失眠、缺乏安全感，生命力低落，白天想逃離社會，深夜時卻保持清醒。

杜松漿果有助於維持光明和黑暗間的平衡。它的方

式不是帶來更多繽紛的色彩,而是承認需要接納不喜歡
自己的部分。

杜松漿果有助於肝臟和腎臟健康,亦是緩解關節
和肌肉疼痛的實用精油。它對緩解憂鬱情緒有很大的
幫助。這種精油適合與葡萄柚、佛手柑和絲柏搭配在一
起。

寓意:什麼是你不想在生活中看到的?轉過來,把
你的眼睛睜開。你不想面對的事情,正是糾纏著你的東
西。在你的陰影面存在著一位偉大的老師,好好擁抱它
吧。

肯定語:我正在成為更好版本的自己。

LAVENDER

薰衣草
表達 – 釋放

智慧小語：「最終，我們只能後悔沒有即時抓住的那些機會。」——路易斯‧卡羅（Lewis Carroll），作家

薰衣草是甜美、平靜和溫柔的。它是最安全的精油之一，適合嬰兒、成人和老年人。

薰衣草透過釋放不必要的緊張和壓力來輔助神經系統。它鼓勵我們和自己及他人進行公開誠實的對話。當薰衣草的個性處於正面時，它會是平靜、放鬆和隨和的。它還能啟發我們滋養內心，以及誠實表達內心感受——也就是「所見即所得」。這個精油與喉輪和眉心輪連結，表示你頭腦中的想法需要透過語言來表達，才能化為真實。

你可能對薰衣草又愛又恨，這將取決於你的大腦迴

路與其特殊氣味之間所創造的關係。

　　畫面中呈現了一位美麗的紫色女神，她翩然起舞，張開雙臂表達自己。她充滿自信，同時也能滋養他人。她知道自己想要什麼。

　　寓意：如果你抽到這張卡，代表你可能需要表達自己的真實感受。調整自己的思維以便前進，你也會從中受益。試著談論你的計畫和衷心的願望，可能正有人渴望傾聽喔！

　　肯定語：我與我的世界和我自己和平共處。

LEMON

檸檬
清理 – 聚焦

智慧小語：「注意力在哪，能量就會流向哪。」——麥可・伯納・貝克維（Michael Bernard Beckwith），阿加普國際靈性中心（Agape International Spiritual Center）創始人，作家

檸檬可以平衡「此時此刻」的狀態並把事情做好。檸檬精油有助於集中注意力和警覺性。

當檸檬呈現它的個性特質時，你知道你想要什麼，而且很容易把事情完成。所有的干擾會被消除，個人與手頭上的任務可以保持協調一致。當檸檬個性呈現負面時，就會產生冷漠、注意力不集中的情形。可能會失去熱情，陷入停滯和限制性信念。

檸檬的香味令人振奮，帶來自信和理性的感覺。其

令人振奮的效果可以喚醒感官，消除任何干擾，有助於處理壞心情，因為它連結到掌管我們自尊的太陽神經叢輪。

檸檬是可以淨化身、心、靈的神奇精油。它有消除血管擴張和充血的作用，也是利尿劑，可以解毒，也可以很好地與許多其他精油調合，包括乳香、薰衣草、薄荷和天竺葵。

寓意：現在是整理你的生活、思想和靈魂的時候了。專注於你的任務，不要拖延。把你開始做的事情做完，關閉這個迴圈，並繼續前進。若你的心不在這個狀態，就找合理的方法來處理它。

肯定語：透過消除干擾和分心，我迅速進入心流。我專注於正在做的事情，並得到我想要的結果。

LEMONGRASS

檸檬草

淨化 – 恢復活力

智慧小語：「不要讓消極和有毒的人在你的頭腦中租用空間。提高租金，踢他們出去！」——羅伯特・特（Robert Tew），作家

　　檸檬草能淨化和提振能量。自古以來，它經常被用來防止昆蟲和蚊子，它也很適合用來提升免疫力和消化系統，使鼻涕遠離你。檸檬草有助於減緩發炎，也有助於緩解疼痛。

　　當頭腦過度活躍時，檸檬草能幫助你清晰思考和專注。檸檬草具有驚人的特性，被認為能驅趕身體和家庭中的負面情緒。它能夠淨化乙太層面的負能量和負面思想形態。

　　當檸檬草的個性失衡時，會感覺這個人頭上似乎帶

著一片灰雲，呈現痛苦和遲鈍的感覺。檸檬草的負面形態可能會產生阻礙，為其他人、機會和流動製造障礙。當檸檬草處於正面時，個人的能量能夠自由流動，富有感染力地分享幸福，能量能向周圍的人流動。它讓你有勇氣放下那些不再為你服務的事物，並與羅勒、生薑和薄荷很好地融合在一起。

檸檬草通常是快樂和放鬆的。牌面頂部的煙霧圖案，代表以輕鬆和流動的方式提振負面情緒。

寓意：如果你抽到這張牌，代表你可能需要排毒，或者你周圍可能會持續存在著負面情緒。你需要清楚自己的需求。你正以何種方式阻礙自己的道路呢？通過聚焦在問題上，以及分享幸福和滿足感來使當下情況更加清晰。

肯定語：我的正面能量能驅逐周遭的負面能量，我能夠提高自己的振動頻率。

LEMON MYRTLE

檸檬香桃木
熱情 – 活力

智慧小語：「當人們開心時，沒有人看起來很愚蠢。」──愛咪・波勒（Amy Poehler），美國女演員

檸檬香桃木是起源於澳大利亞的精油。人們認為，澳洲原住民使用檸檬香桃木已有數千年的歷史，將其作為天然鎮靜的茶飲用，或是用作調味的粉狀草藥，以及用作癒合傷口的膏藥。在西方社會，檸檬香桃木的香味常用於放鬆身心，提振情緒和舒緩睡眠。檸檬香桃木精油中擁有高含量的檸檬醛（citral），使其成為強大的抗菌劑、防腐劑和抗真菌劑。

檸檬香桃木可協助你完成目標並搞定所有任務。據說檸檬香桃木是一種強力殺菌劑，可以同時抵禦精神世界和物質世界的細菌和寄生蟲。

　　檸檬香桃木的個性開放、富有同情心，樂於嘗試新事物。它也可能因不寬容和沮喪而出現，並且容易為了掩蓋挫敗感，而過度沉迷某事。檸檬香桃木的能量階段可以從高層次的狀態，轉變成匱乏的能量。檸檬香桃木可能難以理解自己的感受——他們很難體驗到強烈的情感，因此他們選擇將每種感覺維持在表面，避免陷入太深。

　　檸檬香桃木這張牌以一位充滿活力的快樂小男孩為代表。他沒有擔憂的事情，因為他知道無論情況如何，他都會沒事的。牌面上的蛇則象徵療癒能力和對新機會的開放。

　　這個精油適合與快樂鼠尾草、尤加利和茶樹調合。

　　寓意：當你抽到檸檬香桃木，代表你必須找到創意的方法來擺脫現在的情況。跳脫思考框架，大膽地思考；你擁有所有需要的東西，因此只需大膽嘗試。不要阻止自己進入內心深處；你的獨特性是你人格的重要成分。

　　肯定語：我是一個不可阻擋、不可動搖、不可撼動的自然力量，在我生活的各個方面都蓬勃發展。

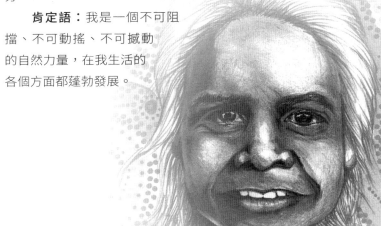

93

LIME

萊姆

娛樂 – 愉悅

　　智慧小語：「成功只有一種——就是能夠用自己的方式度過一生。」——克里斯多福・莫勒（Christopher Morley），美國新聞記者，作家

　　萊姆是這副牌裡最快樂的精油之一。他的幸福感發自內心，來自於捨去無聊的例行公事，有意識地創造令人興奮的一天。

　　萊姆慶祝成功和失敗，知道一切的發生都是有原因的，最終一切都會變得很好。萊姆信任生命的過程，它不怕死亡，總是有決心面對生活的挑戰。

　　萊姆是開朗的，喜歡社交，不排斥跳舞或聚會。他擁有生活中所需要的一切，也許他不是百萬富翁，但在其他許多方面卻很富有。正如每個挑戰總帶有正面的事

物，並體認到這是一種善。萊姆可以促進感恩的心，並選擇熱愛生活中的每個部分。它在逆境中快樂，在順境中也快樂。

寓意：當這張牌出現時，它鼓勵你擺脫常規——也許讓自己好好放個假。隨時享受生活，記住人生無常。你需要減輕生活負擔，不要那麼嚴肅地對待生活，並對小確幸保持感恩。想一想，當你擁有正向的態度，你將可以實現所有令人驚訝的事情。

肯定語：今天將會是非常、非常、非常好的一天。

LITSEA

山雞椒
期望 – 同理

智慧小語：「期待是所有心痛的根源。」——佚名，啟發於威廉·莎士比亞

山雞椒，也被稱為山倉果(May Chang)，原產於中國、印尼、臺灣和東南亞的其他地區。蚊子會被檸檬香氣驅除，所以山雞椒經常作為殺蟲劑使用。它有助於緩解與支氣管炎和哮喘相關的症狀。

山雞椒非常平靜，並在能量上營造出一種熟悉世界的基調。她在一切事物之間建立了深厚的連結。這張牌的意象是一位女神，她可提供安全感、溫暖和愛。沒有什麼是非做不可，豐盛會自然而然到來。

山雞椒鼓勵我們放下怨恨。有時，我們對某人和某些願景期望過高，可能導致失望和心痛。當一個人不帶

期望時，他可以更容易地應付當下，順其自然地過活，沒有操縱或壓力。

有時候，我們甚至會認定必須要堅持不懈而使自己卡住，我們以為終有一天，某個人會意識到自己的感受，並給我們獎勵，然而，這不僅會創造出一顆永恆破碎的心，同時也難以原諒和放手。當我們放手時，我們就能夠允許事情自然而然發生。

山雞椒提醒你不要把自己放在最後，在滿足別人的欲望之前先滿足你的需要。它為期待的心帶來安慰，信任因果輪迴的宇宙法則。它教導你，良善會以多種方式出現，你得到的幫助也不一定是來自你幫助過的人。

寓意：山雞椒是一位美麗的仙女，就像香蜂草的親戚。一個大金幣圍繞著她，象徵當我們帶著正確心態時便能獲取豐盛。她身後的瀑布，則意味著事物的流動，如同她坐在一口許願井上，象徵著如果你幫助別人，物質的能量就會流動，不論你會從中得到什麼。

肯定語：我有能力且值得。我放下任何期望，因為無限的豐盛之流會通向我。

MAGNOLIA

白玉蘭

寧靜 – 尊嚴

智慧小語：「人們不可能什麼都不說，但我可以每天什麼都不做。」──艾倫・亞歷山大・米恩（A. A. Milne），《小熊維尼》（Winnie the Pooh）

白玉蘭通常象徵陰性能量，或生命中女性的那一面。她是莊重和純潔的代表。白玉蘭是一位女神，既是村莊的保護者，也是災民的安寧之所，她也是為村莊提供福利的人。

白玉蘭的精油可以支援荷爾蒙系統和免疫系統，這並不是巧合，因為在白玉蘭精油中發現具有高含量的芳樟醇（linalool），據說可以幫助緩解焦慮感，以柔和的方式提升我們的靈性，以及為我們注入對周圍世界的驚喜感。

當白玉蘭處於正面時，她很可愛，非常樂於助人。她是一位值得信賴的朋友，充滿愛心和同情心，不期待任何回報。她的舒緩能量可以使你入睡。白玉蘭的話語可以使人敞開心扉，放鬆被困住的力量，並指引一條通往創造力的路徑。

從負面來看，她可能很無聊，陷入日常的例行事務中，在枯燥的輪迴中盤旋，無法朝著目標或夢想邁進。白玉蘭會在腦袋中轉個不停，並在心中產生成就不佳的感覺。女性白玉蘭的負面特質可能導致她們失去對愛情和關係的信任。

一個關於白玉蘭花的有趣事實是，它們生長在樹木上，且白玉蘭樹可以生存整整一個世紀。如果沒有甲蟲的幫助，它們就無法授粉，這使得白玉蘭成了一朵強壯而有韌性的花朵，因此，她的精油也以同樣的方式傳達她的精神給我們。

白玉蘭適合和薰衣草、依蘭依蘭、天竺葵及萊姆調配。

寓意：你一直為周圍的人提供強大的支援，但你的溫柔絕不能與軟弱相混淆。白玉蘭提醒你，你一直在推遲自己的需求，現在是時候重新評估自身的優先順序了，騰出時間進行自我照顧。寵愛自己的靈魂，花時間保持沉著、堅定，這不是可有可無，而是必要的。

肯定語：我擁有足夠，我做得足夠，我已足夠。

MANDARIN

紅桔

珍惜 – 天真

智慧小語：「每個人天生都有成功的本質和本能，但只有那些思維開闊的人才能成功。」——烏那琳·拉瑪露 （Unarine Ramaru）

紅桔代表著靈感、溫柔與安寧。它是能帶來鼓勵和情緒力量的精油。它為沒有動力的人帶來了動力，使那些可能覺得自己已經嘗試了一切並耗盡資源的人感到滿足。

紅桔能為疲憊的靈魂注入希望，就像在彈跳床上蹦蹦跳跳的孩子一樣，紅桔的寧靜可以使躁動不安的心靈平靜下來。 它邀請我們找到一種更靈性的生活方式，並能夠從創傷和不利的環境中更快地恢復過來。

紅桔可以幫助你釋放永無止境的需求和令人窒息的

行為。它可以幫助你享受生活中的片刻時光，不必擔心日常壓力，也能幫助你擺脫責任的束縛，並活在當下。當紅桔呈現負面時，會造成恐慌和緊張感，尤其是當你正努力釋放過去的創傷，且處在過去創傷所塑造的世界裡。

紅桔這張牌代表一位少女，她正忙著吹蒲公英，並不擔心時間或空間，因為她所有的精力都集中在當下。她知道自己的願望將會實現。被吹飛的蒲公英花瓣則代表了她思想和志向的轉變。當你改變想法和志向時，呈現在你面前的物質世界也將自動改變。

寓意：如果你抽到紅桔，代表你必須擺脫困擾你已久的煩惱和壓力。你承受這種壓力已經太久了，現在是時候將它釋放到宇宙中，享受生活中的微小片刻。去發現每天的小確幸，明白到無論你是否擔心，事情都會完成。以創意的方式行動。當你思考並願意採取行動時，事情就會有解決的方法。

肯定語：我放手得越多，我就揚升得越高。

101

MāNUKA

麥盧卡
救援－對抗

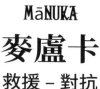

智慧小語：「足夠堅強，能夠獨立，聰明到足以知道你何時需要幫助，並勇敢地請求幫助。」——齊亞德‧阿德努爾（Ziad K. Abdelnour），金融家

麥盧卡具有強大的殺菌、抗真菌、抗發炎和抗病毒特性。有些人認為，它可能比茶樹更強大。然而，這兩種精油在我們的情緒、身體和精神狀態中都有它們的一席之地。

數百年來，紐西蘭的毛利人一直將其用於藥用性質，儘管如此，麥盧卡的治療特性直到最近才被外界發現。海拔越高，它所提取的成分就越強大，因而成為具有恢復力的精油。

麥盧卡比任何精油還願意為你而戰。當麥盧卡人格

處於正面時,當事人會感到安心,他們信任過程,即使知道過程需要花費更長的時間。由於麥盧卡具備適應惡劣環境的能力,因此它是理想的苗圃作物,為其他更敏感的植物提供庇護。麥盧卡是一種非常滋養的精油,能為弱者提供支持和庇護。它與心輪相連結。

生活難免會有疲憊不堪的時候,有時候我們只需要有人來拉我們一把——一個真正願意無條件支持我們的人。麥盧卡扮演這樣的角色,它盡力向有需要的人伸出援手。

寓意:如果抽到麥盧卡,代表是時候讓另一個人來照應你了。允許自己讓別人有支持你的機會,允許自己接受事情由別人來負責,因為你不可能獨自完成所有工作,最終,我們的存在是為了彼此支援和互相幫助。請允許這種情況發生。

肯定語:我可以強大,同時尋求他人幫助。

MARJORAM

馬鬱蘭

信任 – 仁慈

智慧小語：「找出你是否能信任某人的最好辦法就是信任他們。」——厄尼斯特·海明威（Ernest Hemingway）

馬鬱蘭與牛至關係密切，是古希臘人和羅馬人視為喜悅和快樂的藥草。它可以幫助釋放任何形態、任何身體部位的壓力，也有助於放鬆血管壁內的平滑肌肉細胞，為身體系統帶來整體釋放。

馬鬱蘭能夠消除家中的衝突和憤怒，並阻止你對無法轉圜或控制的事情感到壓力。它讓我們感覺被欣賞和被愛。它對那些應受到懲罰的人表示同情和寬恕，就像一位美麗的母親撫養總是搗蛋的孩子一樣。

馬鬱蘭的關鍵字是信任，所以它是作為任何關係基

礎的最佳精油。信任是撫慰和滋養的基礎。如果我們不能信任某人，我們將永遠不能在他們身邊成為真實的自己。馬鬱蘭的觀察力很強，如果有人不可靠，它會警告你，幫助你釋放與此人的聯繫。

當馬鬱蘭呈現負面時，它可能在情感上退縮，脫離社交互動。這只是一種應對機制，因為馬鬱蘭的心是柔軟的，害怕處理拒絕和消極的關係。

寓意： 抽到馬鬱蘭，表示發生了信任的問題。在這種情況下要相信你的信念。你是你世界的支柱──記得堅定立場，並對情況負責。

肯定語： 我的關係裡充滿了愛、尊重和信任。

MELALEUCA

茶樹

保護 – 逆境

智慧小語：「遠離消極的人。他們對於每一個解決方案都有問題。」——阿爾伯特·愛因斯坦（Albert Einstein）

茶樹是來自澳大利亞香桃木家族的高大灌木。多年來，原住民一直都知道它的防腐能力。澳大利亞東部的原住民使用它（又稱「窄葉茶樹」）作為傳統藥物，嗅吸壓碎的葉子來治療感冒和咳嗽。他們還在傷口灑上壓碎的葉子，防止傷口感染，並以相同的方法製造舒緩喉嚨痛和皮膚疾病的藥劑。

茶樹從乙太場清除負能量，就像清除了我們身體的惡菌。我們的乙太場或氣場，也可能會受傷、被感染和充滿寄生蟲。從負面的思想型態，到邪惡的靈體和寄生

106

蟲等,這些都會使我們感到不安、阻塞、沮喪和自卑。茶樹能覆蓋這一切,它勇猛的力量和濃郁的氣味可以在短短幾天內清理你的氣場。

茶樹提供保護,防止負面關係和有毒的人。它還有助於強化你的界線,不讓任何人跨越你的界線。

寓意: 你對那些不值得擁有你美好能量的人太友善、天真了。現在該是清理朋友圈,尊重自己並創造新環境的時候了,它將與你的真實面貌產生更多共鳴。抽到此卡也表示你需要清理你的氣場,為此,只需將幾滴茶樹精油滴在你的手中,然後在你的氣場周圍滑動雙手,就像你正在撒粉一樣。執行此步驟後再好好洗個澡,想像氣場上的所有負能量都被帶走並流到下水道。

肯定語: 我釋放不再服務於我的事物,輕鬆且毫不費力。

MELISSA

香蜂草

改變 – 平衡

智慧小語：「只有在你走出舒適圈後，你才開始改變、成長和轉化。」──羅伊・貝內特（Roy Bennett），前辛巴威眾議院議員

這個神奇的精油，藉由把所有負面的想法放在一邊，來清理能量場的有毒廢物，使頭腦恢復冷靜。

香蜂草提醒我們要保持溫和，並在我們做的任何事情上找到平衡。當我們保持平衡時，事情就不會出錯，絕不會要求你冒險或賭上任何東西。穩定性對香蜂草的個性來說十分重要。

她為黑暗的靈魂帶來希望和光明，協助靈性連結，在困境中尋找希望。當香蜂草處於負面時，她可能會激動和不寬容，人際關係似乎不豐盛，心理上的困境會導

108

致它的情緒如雲霄飛車般大起大落。

　　牌面上的香蜂草是一位穿白衣的小仙女。她正坐在一個失去光芒的黑暗侏儒頭上。她為世界帶來了光明——對每個人來說，她是一股清新的光芒，既有趣又快樂。她並不害怕，因為她知道侏儒不會傷害她對身邊每個人的愛。她知道侏儒受傷了，但在他的內心，將有一道美麗的光準備透出來。她願意幫助他，即使她知道未來會有困難等著他，她會幫助他找到平衡。水的元素代表香蜂草帶來流動的情感。

　　寓意：如果你抽到這張牌，請保持樂觀——光明將透入黑暗，任何障礙將被移除，並能創造你想要的結果。不要在相同的情況下過度思考，以免使自己不知所措。你要知道，你所感受的一切，都是為了讓你迎接更宏觀的能量調整，很快你就會找到你的穩定。

　　肯定語：我生命中的各個領域都處於完美的平衡。我正在創造一個和諧的生活。

MYRRH

沒藥

同理心 – 歸屬感

　　智慧小語：「慈悲中有高雅，同情中有美麗，寬恕中有恩典。」──約翰‧康納利（John Connolly），作家

　　沒藥富有創造力及表現力，這與她的通靈天賦有關。她充滿愛心和同理心，是情感的支柱。

　　沒藥是一位埃及女神。她就像擁有許多帽子的女人一樣有各種不同的面貌。它是一種擁有神聖母愛的精油，堅強而無畏。

　　沒藥和安全感及歸屬感有關。它是滋養你的精油，也是保護你免受傷害的精油。就像一位強大的母親，不怕你的改變和轉化，因為它掌管著心裡的情緒。它也是一種放鬆的精油，因為壓力在平衡的沒藥個性中，起不

了任何作用。

就像地球母親一樣，沒藥用她的養育和愛的能量歡迎每個人。然而她知道，有時她需要搖動、移動和破壞，以便重建更好和更新的基礎。當她這麼做時，並沒有評判，也沒有仇恨，她知道毀滅可以帶來成就。她不會讓過去占據她的思緒、或預想未來的事情，因為她知道，這一切都在神聖計畫內，一切都會遵循這個計畫。

甚至在比《聖經》更早之前的《埃伯斯紙草卷》（Ebers Papyrus）中，就提到了沒藥，這是一份埃及醫學文獻，其草藥知識可追溯到西元前1,550年左右。沒藥具有將體內黏液排出的能力，以及抗發炎和抗病毒的功能。它對任何牙齦疾病和出血都有很大的幫助。它適合與乳香、檀香和古巴香脂融合在一起。

寓意： 如果這張牌來到你面前，代表你必須注意所用的文字及語言。 言語是顯化過程中重要的一部分。另外多嘗試其他更具滋養性的方法。 如果有需要，請負起母親愛孩子的責任——精神上勇敢，心腸上柔軟。花時間與孩子們在一起，教他們如何做自己。 停止批判，並以富有同理的眼睛觀察各種情況。

肯定語： 每一天，我越來越體貼別人。我總是說真心話。

NEROLI

橙花
因果關係

智慧小語：「有些事情的發生是有原因的，有些只是隨著季節而來。」——安娜‧克勞迪婭‧安圖內斯（Ana Claudia Antune），作家

　　沒有什麼事是偶然發生的。有因必有果，每一個果又成為其他的因。我們都是交織在一起的，正如我們的思想和行動在巨大的知識網絡中工作一樣。

　　橙花理解我們都是一體的，並據此採取行動。橙花視人如己，她不喜歡別人對她做的事，她自己也永遠不會做。

　　我們都知道，能量是不滅的——它總是在運行和轉化，這表明宇宙總是在運行中，並且從一連串的事件或行動中前進。當橙花處於負面時，她的個性是自私、沒

有同理心的。

　　有三種精油來自苦橙樹：苦橙葉精油從嬌小的葉子和樹枝蒸餾，橙花精油從花朵蒸餾，甜橙精油透過冷壓水果的果皮所產生。每個系統運作的過程中都有各自的投入，並需要其他系統的協助，它們一起工作，相互依賴。

　　橙花是用來放鬆的絕佳精油，對皮膚非常有效，有助於改善荷爾蒙。橙花支持你保持良好的人際關係。

　　寓意：當橙花來到你面前，代表你需要注意每一個思想、言語和行為，這是一個「起因」，在整個宇宙網絡中引發了一波能量，進而產生影響。你希望帶來理想還是不理想的效應呢？請相應地調整你的想法。與生命一起流動，隨風起舞。此刻，試圖控制潮流是沒有意義的，確保你過去的行為不會在未來最先引起風浪。請保持行為的持續性和整體性。

　　肯定語：我控制著自己的反應，我寫下自己的命運，為自己創造一個沒有壓力的世界。

OREGANO

牛至

清晰度 – 經驗 – 保護

智慧小語：「每個經驗，無論好壞，都是無價的收藏品。」——以撒·馬里昂（Isaac Marion）

牛至頑強的個性可以像其他精油一樣突破阻礙。其個性堅硬，意志力強，可以從情境中抽離情感，毫不費力地看到清晰的局面。

牛至知道他的力量所在，並選擇性地使用它。當牛至處於正向狀態時，他知道如何運用他的力量，他不會浪費太多精力在小場合或弱者身上。有時，牛至會非常僵化，以至於對那些沒有相同理解力的人缺乏耐心；但是，他可以很快回到問題根本，適應其他人的需要。

當牛至個性呈現負面時，他常常會感到軟弱，容易受到他人的影響。他善於把東西隱藏在心裡，而不是分

享它們,為內心帶來混亂,最後總是在掙扎中結束。

　　牛至就像少林僧人,安靜而沉思,專注於他的練習。他不依附任何事物,他隨時準備在需要的時候採取行動和防禦。

　　寓意:保持冷靜,並集中精力應對動盪,評估每一個舉動,僅在需要時採取行動。不要衝動或反應過度。你現在需要保護自己,因此請留意周圍的環境。

　　肯定語:生活帶給我所有我需要和想要的。每一天,我會在各方面越來越好。

OSMANTHUS

桂花
願望－信念

智慧小語：「那個非常不可思議的信念力量就是你生命中的精靈。」──艾登・泰勒（Eldon Taylor），作家

桂花是一種高度芳香的精油，是世界上最稀有和最昂貴的香水之一，它的香氣令人回味，讓人聯想到桃子和杏子。由於其產量低，因此應謹慎使用，通常會將其與其他精油混合。多年來，它一直被中國人用來調味食品和茶。

桂花具有魔法和煉金術的精神。它轉動並操縱能量來實現主人的願望。桂花的精油將帶給你積極和充滿動力的感覺。

由於提高了自尊心，它也能幫助於你實現夢想。它

可以使無理的人恢復平衡，為靈魂帶來昇華，並改善負面情緒，就像一個溫暖的擁抱將撫慰儲存進心裡深處。

當桂花處於自己負面的陰影時，他可能會變得虛榮和物質主義。小我（Ego）接管一切，它會突然間失去自身對真正想要和真正需要事物的追求。 它可能會一時衝動，沒有謹慎考慮採取行動之後的後果。

在傳統中藥中，桂花茶已被用作治療月經不調、胃部不適、壓力和憂鬱症的草藥。 它可以用來抗菌、抗憂鬱、催情和作為肌肉鬆弛劑。 據說它還能保護神經和抗氧化。

桂花因其多功能性，能與許多精油融合得很好，最受喜愛的有乳香、檀香、紅桔、萊姆、玫瑰、佛手柑、永久花、廣藿香、依蘭依蘭和甜橙。

寓意： 有時候我們的願望很微小，但是沒有任何一個願望會被忽視。因此，當你許願時，請謹慎地使用這種力量。你的想像力是沒有束縛的，我們可以自由地在創造出的無形世界中漫遊。你被召喚去夢想，無論這個夢想是大是小，都不重要，你需要的是讓自己被看見。

肯定語： 我在尋找的東西也在尋找我。

PALMAROSA

玫瑰草

有條件的愛 – 影子

智慧小語：「無條件的愛不是基於接受者的表現，而是基於給予者的特性。」——冰霜傑克（Jack Frost）

玫瑰草是一種原產於東南亞的熱帶草種，與檸檬草和香茅有相似之處。該植物以「玫瑰草」為名，是因為它的香氣類似於玫瑰。

「Palma Rosa」在西班牙語中意為「粉紅棕櫚」。粉紅色總是能帶我們回到內心，療癒沮喪、憤怒和缺乏自信的舊傷。這是同理和同情的顏色。玫瑰草敞開心靈的大門，為創傷事件帶來愛和寬恕。

當我們陷入「有條件的愛」之關係時，會感到空虛是正常的。我們總是力求更好，以滿足無法被滿足的需求。我們不斷努力，永無止境地提升我們所做的一切。

「不論我做了什麼或我做了多少」，這種感覺會產生挫敗感和空虛感。

玫瑰草在焦慮時可能會有所幫助，它可以舒緩並撫慰悲傷、情緒創傷，並減輕情感和身體上的刺激。玫瑰草像是一個讓你知道自己已經足夠的朋友。沒有什麼事情需要先發生，才能讓你被愛。它會激發你的情感力量，並恢復在關係中的磨耗感。它能幫助你從「我該怎麼做才能被愛？」 替換成「無論做什麼我都值得被愛」。

有趣的是，玫瑰草普遍被用作假玫瑰，使原本無條件的愛，變成有條件，將真正的愛偽裝成一種世俗的愛。在許多關係中，無論是戀愛關係或其他關係，愛可以像戲服般被操縱，用來搭配適合他人的模式、日程和期望。到頭來，愛只是一種偽裝。玫瑰草與火元素有關，可以幫助你轉變、淨化並逐步改善人際關係。

玫瑰草還可以作為有效的天然療法，用於治療過多的黏液、胃腸道和泌尿系統不適、食欲不振，且對皮膚無害。古代印度人也會使用玫瑰草來治療神經痛、發燒、風濕病和其他傳染病。

寓意：當玫瑰草出現時，是時候記住，我們吸引人們進入我們的能量場，來幫助我們成長。我們周圍的一切都在幫助我們於人生旅途中前進。我們吸引鏡子來到我們的世界中，所以困擾我們的其實是我們為自己設下的觸發因子。 你已準備好將真實的愛吸引到你的生活中。同時，現在是時候回到你的心輪，評估自己為了被愛做了什麼？以及你的愛有什麼條件？

肯定語：我無條件地愛自己，我值得被愛。

PATCHOULI

廣藿香
臨在－身體表達

智慧小語：「你是不完美的，不可避免地存在瑕疵，但你是美麗的。」——艾米・布魯姆（Amy Bloom），美國作家、心理治療師

廣藿香被視為一種非常深奧的精油，因為它給世界帶來了愛、和平和智慧。帶著溫柔和愛，廣藿香擊退了可能揮之不去的負面情緒。

廣藿香可以緩解跟身體相關的憂慮。這是一個非常接地的精油，它讓你充滿愛和輕鬆。它教導平衡，一切都剛剛好。當廣藿香的人格失衡時，當事人可能會顯得冷漠，與身體脫節，自尊心低落。這就是為什麼廣藿香似乎有助於焦慮、憂鬱、信心，以及對性的恐懼。

它提醒你，不是每一天都是最好的一天，但明天會

更好。廣藿香的精油是平靜、復原和穩定的。負面狀態的廣藿香可能會與身體和他人失去連結，導致自我毀滅和自我批判。

廣藿香透過帶來真正的同理心幫助我們控制小我。它消除偽善的面具，鼓勵我們從內心深處尊重自己和他人。

寓意：如果廣藿香出現，是因為你的精力和動力有些不足。你對自己和他人失去信心一陣子了。休息一下，花些時間做些讓你開心的事情，例如讀一本好書，洗個澡或吃一塊巧克力。是時候去愛你自己了。

肯定語：我與地球合一，我與我的身體合一。

PEPPERMINT

薄荷
啟發 – 自我滿足

智慧小語：「沒有什麼比一顆善良的心更耀眼。」
——佚名

　　薄荷與心輪連結。它為那些灰心喪志、失去勇氣的心帶來覺察。它是有啟發性、感染性及容易被接受。

　　薄荷正向的個性是熱情、開朗和新鮮。薄荷是和大家都能好好相處的人。是一股新鮮空氣。然而，當它負面時，它是令人討厭、難以忍受的，變成帶有悲觀心態的受害者。

　　薄荷的個性帶有害怕受到傷害的深層恐懼。它會緊抓感覺，直到它們的心沸騰、爆炸。

　　由於薄荷具有放鬆肌肉和調節身體溫度的能力，對頭痛和精神清晰度都有改善效果。它打開你的呼吸道，

引導焦慮和受影響的情緒透過你的呼吸從你的身體排出。

寓意：請打開心扉。你的心有明顯的阻塞，請確保你跟隨內心的情感，探索迄今為止尚未發現的可能性。如果你感到受阻，沒有熱情和厭倦，請不要放棄；即使你受到傷害，此刻你也已經發展出能引導你獲得更好體驗的智慧。你可能會壓抑自己的某些部分想要自由。向內看，大膽勇敢，讓你的真實感受浮現。

肯定語：我喜歡與他人分享我的感受。以充滿愛的方式表達我的情感，對我來說是很自然的。

PETITGRAIN

苦橙葉
判斷 – 可信度

智慧小語：「拒絕繼承失調的功能。學習新的生活方式，而不是重複你所經歷的。」——特馬·戴維斯（Thema Davis），心理學家

每種柑橘植物都有葉子。柑橘精油來自果皮，苦橙葉精油來自葉子。苦橙葉於香水產業被廣泛使用，不論在男性和女性中都很受歡迎。

當苦橙葉的個性開放時，它帶來了我們文化中最好的一面，為社群創造積極正向的環境。然而，苦橙葉的個性也會重複破壞性的世代和文化模式，以及對不健康的傳統懷抱不必要的忠誠。

苦橙葉鼓勵你對自己的環境自行做判斷和評估，確保你正在採取的行動不會影響你周圍的每一個人。

　　因為含有芳樟醇（linalool），苦橙葉是薰衣草的絕佳替代品，具有鎮定和放鬆的功能。它也能幫助心絞痛、高血壓、抽搐和痙攣性咳嗽的人。它適合與肉桂、天竺葵、尤加利混合在一起。

　　苦橙葉這張牌是一隻對青少年友好的森林精靈。當你需要他的時候，他都會在那裡。他的樹屋位在他身後，其他精靈的房子則環繞在周圍，意味著他是社區的一部分。他厚臉皮、做自己，而且很頑皮。

　　寓意： 如果苦橙葉出現在你的牌卡中，代表你正在承受極大的痛苦。你可能正在處理童年的恐懼和傷痛。這張牌鼓勵你打破束縛，消除從家庭和文化背景中學到的負面模式。將自己從責任中釋放出來，並專注於使你快樂的事情，而不是讓父母或社會自豪的事情。

　　肯定語： 我轉換所有細胞裡的負面記憶，以清晰的宇宙能量取代之，使其充滿積極、嶄新的可能性。

PINK PEPPER

粉紅胡椒

狂野 – 渴望

智慧小語：「真正的野性是對大自然的熱愛，對沉默的喜悅，可以隨意發聲的說話，以及面對未知事物的好奇心。」——羅伯特‧布萊（Robert Bly），美國詩人

粉紅胡椒與火元素和太陽神經叢輪有關，因其對消化系統和循環系統具有療效而聞名。粉紅胡椒的精油具有刺激作用，使其成為增強耐力和提高敏捷力的好選擇。粉紅胡椒充滿活力，可以增強勇氣，並為我們採取行動做好準備。

當粉紅胡椒處於正向時，她追求刺激，充滿樂趣和創造力。她也可以淨化和提神。她喜愛那些願意碰觸情感並傾聽內心的人們。她淘氣、調皮和美麗。粉紅胡椒知道如何玩樂以及何時玩樂，她們知道自己的極限，並

在很小的時候就測試出自己的界限。她們是獨立的，不會依賴外部的情感支持。粉紅胡椒總是準備就緒；她很難被娛樂，容易感到無聊。她會遵循自己的道路，而且一定得按照自己的方式。她不能被告知該做什麼，因為過於死板的人讓她厭煩。

粉紅胡椒的精油已經在祕魯的安第斯山脈使用了數千年。因其科學名稱，印加人將其稱為「mulli」。它也被稱為「arbol de la vida」，意為「生命之樹」。他們之所以這樣稱呼，是因為這種植物具有許多健康方面的益處，從殺蟲劑到香膏、軟膏都適用。粉紅胡椒樹可以在高海拔地區種植，耐旱，長壽且有韌性，常年翠綠。

科學研究已證實粉紅胡椒的許多特性，包括抗氧化和抗菌。粉紅胡椒還可用作天然抗憂鬱藥、抗風濕藥和抗病毒的藥。它適合與黑胡椒、豆蔻、西洋蓍草、依蘭依蘭、紅桔、天竺葵和生薑搭配在一起。

寓意：當你抽到粉紅胡椒，表示現在是時候尋找樂趣，享受生活中的每一階段。放開情感束縛，擺脫依賴外部認同來確立自我價值和自信。你知道你是誰，不要假裝你需要被認可，跟隨你的狂野之心，繼續前進。

肯定語：我的渴望源自於我對自己的無限信任。我有勇氣走自己的路。

ROMAN CHAMOMILE

羅馬洋甘菊

意識 – 目的性

智慧小語：「成為你自己，因為別人已經有人當了。」──奧斯卡・王爾德（Oscar Wilde），劇作家

洋甘菊在世界各地廣泛使用。因其鎮定舒緩的力量，使它成為最常用的草藥之一。這個精油與太陽神經叢輪有關，而花朵的亮黃色則與我們的自尊有關。

羅馬洋甘菊的個性直截了當，一針見血。她不會迷失，也不會白費工夫。她用自己美麗的特質來引導別人。她是關懷且滋養的，但也足夠強大，足以找到方法。牌面上的羅馬洋甘菊衣服飄逸，思緒放鬆，她的腳離開地面，這對她來說很容易，別人卻需要付出很多努力才能做到。

若處在負面狀態，洋甘菊會是喜怒無常和多變的。

128

她很容易感到心煩和壓力，有時會導致睡眠問題，例如失眠。她最大的挑戰即是平復情緒和保持冷靜。她總是把別人優先放在第一位，即使她知道這會傷害到自己。她大部分時間都輕聲說話，無法表達她的感受。當她受傷時，她就會往內退縮，而不往外走。當她的溝通技巧失敗了，她會完全喪失她的信心。

洋甘菊可以放鬆你的能量，讓你變得更能夠接受並允許神聖的幫助和天使般的愛。當事情看起來充滿挑戰時，你試圖朝著與你接受的引導相反之方向走去，不願意接受幫助和支持，那麼你可能會感到困頓且似乎時間在與你作對。當你與洋甘菊的精油連結時，你會放下戒備，讓宇宙的療癒之愛走進你。

寓意： 嘗試走另一條路；我們鼓勵你改變路線。現在是時候尋找你的目標了。與內在的指導靈聯繫，並遵循內在的指南針。

肯定語： 我符合我的更高目標。我聽到我內心的聲音，並回應它的召喚。

ROSE

玫瑰
無條件的愛

智慧小語：「為了讓自己快樂，必須至少讓另一個人也快樂。」——西奧多‧芮克（Theodor Reik），心理分析師

玫瑰可以萃取出非常特殊的精油，它被認為是「花之女王」。提煉這種花的美麗精油往往需要大量的玫瑰花瓣。

玫瑰非常溫柔，是溝通和信任方面的偉大助手。不論是戀愛或其他關係，這張牌是關於兩個靈魂之間的連結。玫瑰可用作催情，它也有助於生殖系統及憂鬱症。

玫瑰可以放鬆心情，給傷痛帶來幸福。它直接連結到心輪。這張牌可以帶來正向積極和高生產力的行為模式。

處於負面狀態時，小我就會現身，帶來怨恨。當玫瑰覺得不值得時，它甚至可以放棄愛，心靈和大腦之間的連結便會消失。

玫瑰灌木是堅實且強壯的，但可能會刺到自己。謹慎處理內心的欲望。玻璃器皿中的玫瑰代表關係的週期。紅色是行動、欲望、火焰和激情的顏色。

寓意：玫瑰代表無條件的愛，可以在關係中找到和諧與平衡。此卡還可以預示你生活中即將有新關係的到來。傾聽內心的渴望，答案是肯定的！

肯定語：我在所有的關係中與愛相遇，而且我喜歡這些相遇。我給出的愛都將會加倍回到我身上。

131

ROSEMARY

迷迭香
進化 – 進展

智慧小語：「生存下來的不是那些最強壯或最聰明的人，而是最能應對改變的人。」——利昂・C・梅金森（Leon C. Megginson），商學院教授

迷迭香是一種轉化的精油，一種基於知識的轉化。它帶來了對情況更深層次的理解。它側重於問題的根源，而不僅僅是問題的表面。我們可以說，迷迭香是一個非常聰明的精油，它知道何時該移動，並能很快地適應新的環境。

迷迭香能幫助你處理迷茫和困惑的感覺，尤其當有太多情緒被壓抑，生活變得有點招架不住時。如果你抽到這張牌，那是因為在某個層次上，你想逃跑，脫離現在，並忘記過去的經驗。你厭倦了與當下對抗。

　　這種非常強大的精油有助於認知功能。它對阿茲海默症和記憶問題有很大的幫助。有趣的是，它也能幫助頭皮問題，協助增長頭髮，從髮尾修復到髮根。

　　迷迭香就像一場迷人的棋子遊戲，他們對生活及轉變是友善的。這不是一場戰鬥，更像是一場遊戲。沒有人試圖殺死女王；我們知道，如果我們這樣做，我們將無法繼續玩下去。它們可以看到整個大局，而不僅僅是眼前的現況。

　　寓意： 你需要從自己所處的狀態發展到更好的狀態。變化是瘋狂的，有時候基於過去的經驗，我們對變化抱有很大的抗拒。迷迭香告訴你，沒有什麼比停滯更可怕。能量需要像河流一樣前進和流動，以保持潔淨、清涼，並支持周圍的一切。在轉化的過程中，你將得到完全的支援和指導——著眼於大局，好好評斷你的環境。

　　肯定語： 我生命中的所有變化都是正向並為我帶來力量的。每一天，我都在把自己變成一個更積極的存在。

SANDALWOOD

檀香

靈性－信仰

智慧小語：「不要讓你不能做的事干擾你能做的事。」——約翰·伍登（John Wooden），籃球教練

印度檀香非常珍貴，被認為是國寶。為了保護物種，這款美麗精油的產量受到管制。

檀香是一種非常深沉和靈性的精油。它被許多宗教用來禮拜、祈禱或幫助冥想。檀香與頂輪相連，提醒著我們從不孤單，而且有更高的力量來幫助我們踏上人生旅程。

當檀香的個性處於負面時，當事人可能會感覺人生失去方向，忘記什麼才是重要的，把注意力都放在所有的問題上。然而，當檀香處於正面時，一切看起來都會是光明的，從內而外散發出信任感。

我們越年長，就越有可能與檀香的特性產生共鳴。我們越被卡住，我們的憂慮就越深。好消息是，檀香樹的樹齡越老，它能產出的精油就越多——因此，隨著我們變得更加明智，我們就越有能力控制這些卡住的感覺。

牌面上的顏色代表了構成我們靈魂的方方面面。周圍的守護靈代表神聖的支援會永遠與我們同在。靈性是我們的一部分，和我們赤裸的身體一樣自然。該是時候接受這個真相了。

寓意：如果檀香出現在你的牌卡中，表示你對上天失去了信心。檀香精油提醒你信任這個過程，神聖的力量會牽著你的手前進。你失去了靈感，向神聖的力量尋求協助，幫你將靈感取回。

肯定語：我與神性連結，我與萬事萬物同在，它讓我容易看到真相。

SIBERIAN FIR

西伯利亞冷杉

超越挑戰

智慧小語：「財富賜予勇者。」——泰倫提烏斯
（Publius Terence），羅馬共和時期劇作家

西伯利亞冷杉是一棵了不起的樹，因為它生長在
高海拔，且生存的溫度接近於負50℃。它有助於清理鼻
竇，是對抗壓力的好選擇。西伯利亞冷杉能夠與杜松漿
果、薰衣草和永久花調合得很好。

西伯利亞冷杉是改變的精油。它將支持你度過失業
或關係破裂等困境，鼓勵你度過令人生畏的未來。它可
以幫助你看到「希望」，敞開心預見新的機會到來。

當西伯利亞冷杉的個性呈現負面時，你很可能會拖
延，並找藉口不再前進。呈現正向時，它會超越挑戰，
明白這只是路上的一個顛簸——如果你繼續走下去，你

將會通過這個考驗,從中獲得學習,下次你會變得更好。西伯利亞冷杉不會陷入受害者的心態,並為他的行為負責。

西伯利亞冷杉就像一位俄國沙皇,騎著馬旅行。他發現自己陷入了困境,因為前方的道路對於他和他的馬來說很難走。他必須迅速做出決定,接受挑戰,跨越困難,完成他在這裡要做的事情。他摒棄任何藉口。

寓意:如果抽到西伯利亞冷杉,你正面臨一個過渡期。拖延的階段已經來到尾聲。把任務完成,或全然將它放手,並返回到你原本的道路。完成任務將為你帶來新的可能性。擺脫舊的思維模式,若一直關注著問題,會使你持續處在「凍結」的模式裡。

肯定語:挑戰能夠激勵我並鼓舞我。就像空氣一樣,我將躍升它們之上。

SPEARMINT

綠薄荷
創造性表達

智慧小語：「兩個人之間最糟糕的距離是誤解。」
──尼特斯‧迪克西特（Neetesh Dixit）

綠薄荷與喉輪有關。她美麗的氣味非常獨特，吸引許多人。與薄荷相比，綠薄荷的薄荷醇（menthol）含量較低，所以在化妝品業獲得廣泛的應用。綠薄荷有助於消化，幫助呼吸系統，也具有強大的抗發炎特性。

綠薄荷鼓勵言語、寫作和創造性表達。它幫助人們說出自己的真理。當綠薄荷的個性呈現正向時，溝通很順暢，並有信心表達他／她的意向。然而，當綠薄荷的個性呈負面時，整個人會變得封閉，害怕說出他們的想法。他們活在自己的腦袋裡，瘋狂創造沒有根據的故事，而這些故事只是依附於憂慮罷了。

　　有一些人在綠薄荷的影響下，會直言不諱，但說話的方式可能會顯得嚴厲和自私。綠薄荷會幫助你找到友善的語言，在不傷害別人的情況下，表明自己的立場。

　　綠薄荷就像一位藍色和綠色的女神；她拿著一個象徵溝通的卷軸。這張牌代表清晰和同情。她正在和一群人談話，分享真相。她身後有一股巨浪湧動著力量，代表當一個人說出自己的真理時，會帶來能量的提升和解放。

　　寓意： 如果綠薄荷出現，代表你必須找到友好的方式表達自己真實的想法。你可能會被指引以某種方式表達你的創造力，而你已經將它推遲了好一段時間。這是你一直在等待的信號——快去做！

　　肯定語： 我禮貌而平靜地說出我的想法，並伴隨清晰、自信、誠實和輕鬆。

SPIKENARD

穗甘松

智慧－魔法

智慧小語：「瞭解自己是所有智慧的開始。」——
亞里斯多德（Aristotle）

　　穗甘松在古代是一種昂貴的香水，非常珍貴。它同
時在聖經中也被提及多次。這種精油可以帶來寧靜，因
為它以其鎮靜作用而聞名。

　　穗甘松鼓勵當事人離開受害者心態，為自己的行為
負責。它帶來對環境的接納意識和感激之情。穗甘松連
接眉心輪，增強對事物的準確感知和直覺的天賦。

　　當穗甘松的個性失去平衡時，它變得不再欣賞和滋
養自己，尋求從外部來源獲得一切。當我們從外部尋找
安慰時，即使需求被滿足，我們仍會有被拒絕的感覺，
不成熟的心態會打擊我們。即使我們可能知道這個道

理，實踐起來仍相當困難。找到感恩的心態，感謝你生命中已經擁有的奇蹟是回歸平衡的明智方式。

雖然每個古代文化都使用穗甘松，它就像一位埃及的神祇，特別是托特（Thoth）。感恩是這個世界上每個宗教的一部分，但托特遠不止於此。他是知識、智慧、冥想、邏輯和理性的神，亦是魔法、祕密和寫作之神。

寓意：如果你抽到這張卡，可能需要評估自己是否需要不斷被贊同。魔法正在進入你的生活，張開雙臂接受禮物，即使你認為自己還不夠好。使用古老的療癒方法，與前世保持連結。你的情況可能涉及前世問題。

肯定語：我是我實相的共同創造者。對我生活中擁有的一切感到感激。

SWEET ORANGE

甜橙
機會 – 豐盛

智慧小語：「以你所愛維生的機會並不稀少；只是缺少決心去實現它。」——偉恩‧戴爾（Wayne W. Dyer），作家

甜橙是必備的精油之一；它是充滿活力、刺激和振奮的。每個人都喜歡待在甜橙周圍，因為它充滿了積極的活力，它的氣氛能夠感染大家。

甜橙與太陽神經叢輪有關，對個人的自尊、做事把握度和自信心很有幫助。甜橙的個性能夠以愉快和平衡的方式激發創造力。

甜橙與印度象神有關。它打開了機會之門，在生活各方面帶來了遠超過金錢和物質的豐盛。甜橙也鼓勵追求創新和自由。

從負面的角度來看,甜橙可能是蠻橫、僵硬和沉悶的,有時候它會難以控制自己。甜橙非常具生產力,它會持續工作直到筋疲力盡為止。有時甜橙不知道什麼時候該停止。它喜歡被熱情的對待,它喜歡自己感覺很特別。

寓意:允許自己有機會接受宇宙試圖給你的禮物。打開門讓機會自發地進入你的生活。不要對生活太嚴肅,要保持幽默和寬容。豐盛正等著你!

肯定語:我有無限的選擇。機會無所不在。

TANGERINE

甜橘

感激 – 魅力

智慧小語：「我們是一個渴望更多喜悅的國度：因為我們缺乏感恩的心而挨餓。」——布芮尼・布朗（Brené Brown），社會工作者

甜橘是一種快樂的精油。當我們認為自己沒有被公平對待，沒有得到應有的回報時，會感到不快樂。相反地，幸福是滿意和滿足。

當然，我們對這些情況的感謝和感知將決定我們的幸福程度。甜橘提醒我們付出和接受之間取得平衡。甜橘會立即增強你的信心，讓你感覺更有價值，並吸引同樣的能量回流。

當甜橘是正面的，它將促進良好的生活流動和積極創造。甜橘可以引導出你的內在小孩，並消除內心任何

的壓抑。當甜橘的個性呈現負面時，它是僵化的，而且太過負責，以至於生活變成了一系列艱苦的工作，而不是一趟愉快的旅程。

在身體上，甜橘有高度的抗氧化作用。它能促進循環，有助於調節血液和水分在體內的流動。它也能幫助肌肉放鬆，具有抗發炎和鎮靜的作用。

寓意：如果你抽到甜橘，表示你目前缺乏彈性。你可能會因繁瑣的日常工作不愉快而感到負擔。試著對你日常視為理所當然的事情表示感謝。

肯定語：我很感激我今天所做的每一項任務，我知道我明智地投資了我的時間，每一步都讓我更接近自己的目標。

145

THYME

百里香

勇敢－怨恨

　　智慧小語：「你應該像沒有人在看般地跳舞，像你永遠不會受到傷害般地去愛，像沒有人在聽似地唱歌，像天堂在地球上般地活著。」——威廉・華生・珀基（William W. Purkey），作家

　　百里香已在各個時代被廣泛使用。古埃及人用百里香進行防腐。古希臘人在浴室裡使用它，並在廟裡焚燒，相信百里香是勇氣的來源。在歐洲中世紀，百里香藥草被放置在枕頭下，幫助睡眠和抵禦惡夢。在此期間，婦女也經常給予騎士及戰士包了百里香葉的禮物，因為它為人們帶來勇氣。

　　百里香特別擅長處理憤怒和怨恨的問題。當百里香處於負面時，它會反映出一顆封閉的心和深藏的情感傷

害。它可能會缺乏靈活、固執己見。百里香有能力深入靈魂和身體，協助消除任何必須解決的停滯感。

它與心輪相連結，百里香溫順且溫柔，但不要因為這些特質而誤解了，即使它是溫和的，它仍是非常有力量的精油。召喚百里香的能量，可以幫助你得到清晰的畫面，釋放未解決的負面情緒。百里香為心胸封閉的人帶來耐心和理解。

當我們抓住怨恨不放，是因為我們堅持自己在某種情況下是正確的。長期怨恨會導致身體和情感上的痛苦。難怪百里香能幫助這些生理情況。此外，混亂和負面的思維被儲存在肺部，使百里香成為舒緩哮喘、喉嚨不適和肺炎的絕佳選擇。

牌面裡的百里香是位羅馬皇帝，他很勇敢，具備計畫性的戰略。他準備進入熱氣騰騰的羅馬浴場，以釋放緊張情緒和赦免他的敵人。

寓意：你需要在內心深處找到勇氣。放開那些使你退縮的舊怨恨和舊鬥爭。仇恨是一種緩慢的毒藥，只會傷害將仇恨放在心中的人。你身負重任，現在是時候承擔起屬於你的位置了。

肯定語：我選擇迅速原諒所有錯誤和傷害，並向前邁進，超越痛苦，進入一個充滿積極可能的世界。

TURMERIC

薑黃

熱情 – 壓抑

智慧小語：「記憶的的壓抑仰賴於情感的壓抑，並與壓抑的情感有所連接，只要情感持續存在，記憶仍然生生不息。」——亞歷山大·洛文（Alexander Lowen），醫師、心理治療師

薑黃是一種原產於印度和熱帶南亞的植物。 她的精油來自她的根部，橙色的果肉代表著熱情、創造力、決心和吸引力。

薑黃是生薑家族的成員。薑黃的使用可以追溯到將近4,000年前的印度阿育吠陀文化，也是那裡烹飪的主要香料，並具有宗教上的重要性。

薑黃以鎮痛作用及消炎效果，還有對心血管的助益而聞名。 薑黃已被廣泛用於輔助消化功能和肝功能。

　　當薑黃處於正面時，它創造出具有美德和純真的事物。在各個方面極富創造力和豐饒。薑黃個性吉祥，不懼怕新的開始。它常常表達熱切的愉悅，彷彿獲得某種神聖的啟發。

　　反之，薑黃可能會變得易怒，大腦會因為舊時的痛苦和壓抑的傷痛困擾著你。薑黃的個性很容易困住自己，解藥則取決於我們有多快恢復過來。當我們對某種特定的生活狀態感到厭倦並準備改變時，我們可以在這種「薑黃階段」中進行一番革新。

　　薑黃與太陽神經叢輪和眉心輪相連，具有驅除邪靈的能力，並且可以淨化任何接觸到的東西。它有助於增強與某些特定的印度神靈（如象神或財富女神）的聯繫，非常適合用在創造新機會的儀式。

　　寓意：現在是時候改變和創造新的道路了。你的舊路不再適用，或者你的道路需要修剪和除草。這是你的創作時間——帶著力量和決心去行動。如果你現在正與薑黃的負面狀態連結，你可能正處於壓抑舊時痛苦和承載內疚的階段。你必須放開所有煩惱並消除你的內心衝突。請深思：你正為了什麼感到羞愧，導致你無法講出真話呢？

　　肯定語：新的每一天我都會感到渴望和興奮。 我是靈感的閃亮燈塔。

149

VANILLA

香草
人氣－可見度

智慧小語：「不要渴望成為受歡迎的人，要做精緻的人；不要渴望成名，要被愛；不要以被他人期待為傲，要變得真實、不容忽視。」——C·喬依貝爾（C. JoyBell），作家

每個人的生活都需要一點香草。你可以在許多世界各地的食品和飲料，以及芳香的調合物和香水中找到香草的成分。就像藍蓮花、桂花、茉莉，有時還有玫瑰一樣，香草永遠不會以精油的方式呈現，這意味著它需要用不同的萃取方法，才能產生出香草原精。儘管如此，植物的精華還是一樣保留其中。

香草植物是蘭花科的成員，原產於中美洲、南美和加勒比海地區。香草具有舒緩、放鬆和抗菌的作用。它

在身心上都可以幫助你放鬆。它能使心靈平靜並緩解緊張感，並具有出色的抗菌效能。

香草是誘人、迷人的，可以幫助促進性激素的提高，使其成為強大的催情劑，適合於臥室使用。亦適用於生殖系統以及與太陽神經叢輪有關的所有事物，例如創造力、情欲、同情心和自我價值。這是一個了不起的精油。

香草向你展示了你的價值以及為世界做出貢獻的重要性。香草會激發個人激情、性欲、野性，並透過愛的觸摸作為一種溝通方式。它有助於處理情緒衝突、過度敏感、痛苦和敵意。它可以帶來仁慈，有助於真正瞭解保持關係的平衡需要哪些條件。

當香草出現在周圍，她是引人注目的，做事毫不含糊且受到許多人的喜愛。她有很多面向，且多才多藝。香草會因為苦澀、憤怒和敵意而感到威嚇與推遲。她排斥那些自以為是的人，但又假裝若無其事。她可以為自己的夢想而努力，但她只能在甜美的環境中成長。

寓意：停止躲在幕後，去點亮你的光芒。秀出你最好的品質，並慷慨地展露才華。為生活注入甜蜜的感覺，因為你似乎和自己創造力及狂野的那面失去了連結。

肯定語：我讓我的本質閃耀著愛與優雅。

VETIVER

岩蘭草
專注－接地

智慧小語：「生活是沒有橡皮擦的繪畫藝術。」——約翰・威廉・加德納（John W. Gardner），前美國衛生教育和福利部部長

岩蘭草是一種非常接地的精油。它鼓勵我們保持耐心和心靈的平靜。在印度和斯里蘭卡，它以其帶來安寧和平靜的力量而聞名，並被廣泛用於阿育吠陀醫學。

岩蘭草的花朵呈紫色和棕色，為這張牌帶來一種穩固感。岩蘭草可以將人們拉回現實；這種精油會讓我們專注於所需要的東西上，把過去拋在腦後，邁向明天的未來。

當岩蘭草的個性表現得不完美時，當事人會感到失落、冷漠和不專注。因憂慮而睡眠不足，缺乏創造力，

形成惡性循環。

　　岩蘭草有助於失眠、易怒、ADHD、專注力和憂鬱等問題，對於修復皮膚色斑和妊娠紋也非常有效。

　　寓意：當岩蘭草出現時，它建議你回到當下，並保持正念。你的精力太分散了；你需要重整並專注於你想要的東西，這樣你的能量才可以與你的需求相匹配。重新連接到你的根源，好好與大地連結，此刻你在這兒的工作很被需要。

　　肯定語：我完全紮根於當下的經驗。我對它感到平靜。

WINTERGREEN

冬青
自然本能 – 臣服

智慧小語：「我所能做的就是遵循我的直覺，因為我無法取悅每一個人。」——艾瑪·華森（Emma Watson），英國女演員

冬青是牌卡中最強壯的精油之一。它原產於北美，據說美國巫師發現使用冬青油可以消除肌肉和關節疼痛。

冬青教導我們放下痛苦。她是叛逆的人，無所畏懼，像一個戰士，也像女祭司一樣與她的感受聯繫在一起。她能很好地處理自己的問題，她是其他人的顧問和諮詢者，因為她被認為是自給自足的。

冬青的主要化學成分稱為水楊酸甲酯（methylsailcylate），可作為外用乳霜和具有舒緩性能

的按摩油。事實上，冬青和樺木是世界上唯二含有天然水楊酸甲酯的植物。

冬青就像有人獨自走在一條堅硬的岩石小路。冬青自信地擁抱著每一步，確信文明並不遙遠。她很狂野，無所畏懼。

寓意：你正在抓著痛苦或持有強烈的意見。這個精油教導你必須放手。接受幫助是可行的，不需要獨自走這條路也是被允許的。硬要控制局勢可能會導致沮喪和固執。跟隨你的直覺吧！

肯定語：我盡力去追求自己想要的，但我也願意為自己的最高利益而臣服於即將發生的一切。

YARROW
西洋蓍草
手藝 – 對抗

智慧小語：「傷疤意味著我比試圖傷害我的力量還要堅強。」——珍娜・沃爾斯（Jeannette Walls），作家

　　西洋蓍草具有合作性，使其可以成為出色的家庭主婦。西洋蓍草還代表著度過艱難的時刻，就像一個在戰爭中戰鬥的士兵一樣。他度過了艱難的時光，對活下來充滿感恩之情。它也被稱為「士兵的傷風草」，用於密封和保護戰傷。正是由於西洋蓍草的精油對神經細胞的幫助，他才值得穿上閃亮的盔甲。

　　在新墨西哥州和科羅拉多州南部，人們因其葉子形狀和質地而將其稱為plumajillo(西班牙語為「小羽毛」)，而中國文化則將西洋蓍草視為神聖的草本植物，

能夠平衡陰陽的能量。西洋蓍草是蘇格蘭的一種占卜植物，在蘇格蘭被當作魔法工具使用，它具有抵禦邪靈的能力，被用於教堂。據說阿基里斯在特洛伊戰爭中曾用它來照顧他的士兵。西洋蓍草擁有悠久的草藥歷史，可以協助解決各種常見的不適和疾病，包括發燒、呼吸道感染、消化系統問題和神經緊張，也可以用於潰瘍、皮疹和傷口。因其成分母菊天藍烴（chamazulene）中含有稱為薁（azulene，又名藍烴）的抗發炎劑，故新鮮的西洋蓍草精油呈深藍色。

西洋蓍草的個性處於正面時，他喜歡探索生活中的新挑戰，充滿好奇心。他們心胸開闊，因為他們一生中見多識廣。西洋蓍草一向能成功地達到目標，但他們喜歡使用非傳統的方法。他們在各方面都堅強和自信，對生活有廣泛的瞭解，具有良好的常識。當西洋蓍草處於負面狀態時，他會隱藏自己的情緒。與巨蟹座的星座有關，他在身上放了一個大貝殼，什麼也不洩露。 如果感到害怕，他會向後退，並傾向於將拖延作為一種保護手段，只專注於他想做的事情，而不關注需要做的事情。

寓意：如果生活中存在衝突，則意味著你必須走出自己的殼並面對問題。事情不會因為忽略它們而消失。你必須面對並處理它們。西洋蓍草提醒你，並非所有的道路都直接導向你的個人目標。換句話說，有時必須要走岔路，轉移你的注意力，因為你的內在感官試圖引導你走一條更輕鬆的道路。現在是時候治療你的傷口了。

肯定語：一切都會治癒。我的思想治癒，我的身體治癒，我的心靈治癒，我的靈魂會自我修復，我慶祝自己的勝利。

YLANG YLANG
依蘭依蘭
性 – 親密

智慧小語：「多數的創意是存在於尋找的過程中，而不是發現的結果。」——史蒂芬‧納赫曼諾維奇（Stephen Nachmanovitch），音樂家

依蘭依蘭是灌輸快樂的精油。她十分有魅力，是一種非常女性的精油。她活潑愛玩，但她有兩種個性，必要時，她也可以是很嚴肅的。依蘭依蘭有能力治癒過去，釋放多年來被壓抑的情緒。

如果事情不順其意，依蘭依蘭的個性可能會變得嗆辣，為他人留下不愉快的記憶。依蘭依蘭的負面特徵會導致悲傷和傷心，以及一種脫離感。

依蘭依蘭是一種感性的精油——連接到心輪，她有助於心臟相關方面的事，並平衡強烈的情緒。她與快樂

鼠尾草、佛手柑和乳香可以調合得很好。

依蘭依蘭就像一位有吸引力的熟齡女性。她充滿自信，但你可以看到她不像她假裝的那樣完美。有一個關於過去的創傷需要被療癒。牌卡上的綠色代表自由，以及心輪的療癒。

寓意：當依蘭依蘭出現時，提醒你放開過去心中一直牢牢抓住的痛苦。讓你的情緒自然地流動。愛你自己，因為你本就如此美麗。喚醒你的神聖女性力量，並與你的身體和平共處。

肯定語：我釋放過去，這有助於我記住真正的我是誰。

附錄

脈輪涵義

海底輪

關鍵字：接地，穩定，生理需求，安全，生存，物質世界

　　海底輪與生殖腺有關。它是生理能量、接地紮根和自我保護的中心。海底輪掌管背部、腳部、臀部、脊椎和腿部。海底輪代表我們生理的存在，並讓你感到在家一般安全。如果它是開放的，你會感覺到接地、穩定和安全。不會毫無理由地不信任別人。你會感到此時此刻的存在，並與你的身體連結。你會覺得自己有足夠的領地。如果你傾向於恐懼或緊張，那麼你的海底輪可能不活躍，容易感到自己不受歡迎和不受支持。如果此脈輪過度活躍，你可能會變得非常物質和貪婪，並癡迷於舒適圈，抗拒變化發生。

臍輪

關鍵字：情感，人際關係，性欲，自我價值，創造力，同
　　　　理心

　　臍輪掌管性器官、膀胱、腸道和下腸道。這個脈輪是關於感覺和性。當它開放時，你的情緒能夠自由流動，不會過度情緒化。你對親密關係持開放態度，並在關係中感到熱情洋溢。你沒有任何性方面的問題。如果你表現僵硬、情緒低落或有撲克臉，則表示臍輪不活躍，你對他人不是敞開的。如果這個脈輪過度活躍，那

麼你容易一直情緒激動，在情感上對人產生依戀感，也可能會縱欲過度。

太陽神經叢輪

關鍵字：個人力量，意志，能量，新陳代謝，自尊，幸福

該脈輪支配著胃、上腸道、上背部和上脊柱。這個脈輪關乎在群體中如何表現自己。當它開放時，你會感到事情都在控制之中，並且有足夠的自尊心。當此脈輪處於不活躍的狀態時，你往往會變得被動、優柔寡斷。你可能會膽小，難以獲得想要的東西。如果此脈輪過度活躍，你可能會表現霸道，甚至具有侵略性。

心輪

關鍵字：愛，理解，同情，寬恕

心輪與循環系統和胸腺有關。它是慈悲、愛、群體意識和靈性的中心，掌管著心臟、肺部、血液和循環系統。由於心輪是關於愛、仁慈和情感，所以當它開放時，你會有同情心和友善性，並致力於營造和諧的關係。當你的心輪不活躍時，你會變得冷漠且有距離感。如果此脈輪過度活躍，你的愛容易使人感到窒息，因為你的愛可能帶有相當自私的因素。

喉輪

關鍵字：溝通，自我表達，寫作，表現。

　　喉輪與呼吸系統、甲狀腺有關。它是聲音、溝通、語言、寫作和思想表達的中心。喉輪掌管喉嚨、甲狀腺、口腔、牙齒、舌頭和下巴。這個脈輪關乎自我表達和言語溝通。當它開放時，你可以毫無困難地表達自己，能以創造性的方式進行表達。當這個脈輪不活躍時，你往往不會說太多話，你可能會感到內向害羞。不說真話可能會使此脈輪被阻塞。如果此脈輪過度活躍，你可能會話太多，而且比較霸道，與人們保持距離。如果是這種情況，那麼你就無法成為一個好的聽眾。

眉心輪

關鍵字：知覺，直覺，思想，理解，平衡

　　眉心輪與自主神經系統、腦垂體有關。它是精神力量、靈性能量、更高直覺和光明的中心。眉心輪掌管腦垂體、松果體、頭骨、眼睛、大腦、神經系統和感官。此脈輪與洞察力和視覺化有關。當它開放時，你會有很好的直覺。你可能會有很多想像力。如果此脈輪不活躍，那麼你會難以獨立思考，你可能會傾向於依賴權威人士，也可能過於僵化、過於依賴信仰，你甚至可能會容易感到困惑。如果這個脈輪過度活躍，你可能會過度沉浸在幻想世界中，在極端的情況下可能還會出現幻覺。

頂輪

關鍵字：宇宙意識，與神的連結，合一

　　頂輪與中樞神經系統、松果體有關。它是啟蒙、靈活思考、真理和合一的中心。頂輪掌管著脊髓頂部、腦幹、痛感中心和神經系統。這個脈輪是關於智慧以及與世界合一。當這個脈輪開放時，你不會充滿偏見，並且非常瞭解自己和這個世界。如果不活躍，你對精神層次就不太瞭解，你的思維可能很僵硬。如果此脈輪過度活躍，則可能是你對知識的瞭解過多，或是沉迷於靈性，忽略了物質身體的需求。

精油與脈輪

　　脈輪是我們體內的能量中心。我們體內有許多脈輪，在此我們只關注最著名的七個脈輪。

　　脈輪與我們的身心靈健康直接相關。它們掌管了我們身體中電磁體的流動。如果我們的脈輪失衡，會導致身體的內部平衡失調。平衡的脈輪意味著你的身心都平衡。

　　當我們了解自己的脈輪，知道它們代表什麼，以及我們可以做些什麼來提升能量的自由流動時，我們就可以創造一個健康的環境，實現平衡的生活。

　　精油是刺激、鎮定和平衡脈輪的好方法。我很樂意和你分享一個對照表，告訴你應該使用哪種精油來平衡哪些脈輪，因為這會是一個有用的工作，有助於你實現更健康的脈輪。

　　用法：只需將1滴稀釋過的精油放在相關的脈輪上（如果它不在敏感部位的話），你還可以塗在腳底，或拿來當作香水，也可以在一天中嗅聞精油的香氣。

　　切記，要直接塗在皮膚上之前，請先用基底油稀釋。

　　祝你平衡脈輪愉快！

精油	對應的脈輪
側柏	頂輪、海底輪
羅勒	心輪、海底輪
佛手柑	心輪、太陽神經叢輪
樺木	喉輪、心輪、臍輪
黑胡椒	眉心輪、臍輪
黑雲杉	頂輪、海底輪
藍蓮花	頂輪、眉心輪
藍艾菊	喉輪
豆蔻	眉心輪、心輪、海底輪
桂皮	臍輪、海底輪
雪松	臍輪、海底輪
芹菜籽	太陽神經叢輪
芫荽葉	太陽神經叢輪
肉桂	心輪、臍輪、海底輪
香茅	臍輪
快樂鼠尾草	頂輪、眉心輪、臍輪
丁香	臍輪、海底輪
古巴香脂	心輪、太陽神經叢輪
芫荽	太陽神經叢輪、臍輪
孜然	太陽神經叢輪、臍輪、海底輪
絲柏	臍輪
蒔蘿	太陽神經叢輪
道格拉斯冷杉	心輪、海底輪
尤加利	心輪

精油	對應的脈輪
茴香	太陽神經叢輪
乳香	頂輪
天竺葵	心輪
生薑	太陽神經叢輪
葡萄柚	太陽神經叢輪
永久花	頂輪
檜木	喉輪
茉莉	頂輪、眉心輪、臍輪
杜松漿果	眉心輪、喉輪
薰衣草	眉心輪、喉輪
檸檬	頂輪、太陽神經叢輪
檸檬草	眉心輪
檸檬香桃木	太陽神經叢輪、海底輪
萊姆	心輪
山雞椒	太陽神經叢輪、臍輪、海底輪
白玉蘭	眉心輪、心輪
紅桔	心輪、臍輪
麥盧卡	心輪、海底輪
馬鬱蘭	心輪、臍輪
茶樹	心輪
香蜂草	頂輪
沒藥	頂輪、喉輪、心輪、海底輪
橙花	眉心輪、心輪

精油	對應的脈輪
牛至	喉輪
桂花	頂輪、海底輪
玫瑰草	心輪
廣藿香	太陽神經叢輪、臍輪、海底輪
薄荷	喉輪、心輪
苦橙葉	心輪、海底輪
粉紅胡椒	太陽神經叢輪
羅馬洋甘菊	頂輪
玫瑰	心輪
迷迭香	頂輪、眉心輪
檀香	頂輪
西伯利亞冷杉	喉輪、眉心輪
綠薄荷	喉輪、眉心輪
穗甘松	眉心輪
甜橙	太陽神經叢輪、臍輪
甜橘	心輪、太陽神經叢輪、臍輪
百里香	心輪
薑黃	太陽神經叢輪、臍輪
香草	太陽神經叢輪、海底輪
岩蘭草	海底輪
冬青	心輪、海底輪
西洋蓍草	心輪
依蘭依蘭	心輪、臍輪

顏色涵義

紅色

正面：活力和能量

負面：憤怒和沮喪

　　紅色表示熱情，而我們周圍過多的紅色可能會耗損並過度刺激我們的神經系統。

橙色

正面：力量和平衡

負面：悲傷和成癮

　　橙色帶來和諧感並促進療癒。它可以用來提升能量，為我們帶來幸福感。

黃色

正面：喜悅，頭腦清晰

負面：不負責任，不穩定

　　黃色有助於人們培養希望和迎接嶄新開始的感覺。這是一種非常開朗的顏色。

綠色

正面：成長，喚醒，清晰

負面：嫉妒和內疚

　　這是一種體現真正精神上共感（同理心）的顏色，使我們能夠以最積極的方式去做必須要做的事情。

藍色

正面：成功，安全，信任，忠誠

負面：脆弱性，恐懼

　　當出現藍色時，通常表示該區域沒有足夠的能量運行。這與壓抑的情緒和我們不想承認的感覺有關。

紫色

正面：想像力，靈性

負面：神祕，情緒化

　　紫色帶來責任感和使命感，能淨化我們的靈魂。

棕色

正面：穩定

負面：身體不適

　　通常這是與地球、動物和大自然連結的顏色。

白色

正面：善良，純正

　　當白色呈現時，氣場充滿純潔。它的存在使人感覺圓滿和完整。

黑色

負面：靈體，負面的

　　黑色通常表示不好的事物，必須透過向其注入靈氣或白光來去除。

精油實用配方

在這本書中，我們探討了精油的許多好處，並在我們生命中的不同時期體現了它們的原型。幾個世紀以來，精油因其治療效益而被廣泛使用。這些來自大自然的禮物支持我們在精神、身體和情感健康等許多方面的力量。你可以利用精油的自然特性，輕鬆地改善日常生活。無論你想改善睡眠、增強免疫系統，還是僅僅創造一個平靜的氛圍，精油都可以幫助你。

在本書的這部分中，我們將探討實用精油的許多好處，為了讓中文的讀者能更便利地使用精油，我會分享我最喜愛的配方，幫助你將它們融入到生活中。請記住，始終要小心使用精油，並適當稀釋以確保安全和功效。

這配方是我特別為中文讀者增加的福利，我希望你會喜歡，它們能以多種方式為你提供幫助。

編號	配方名稱	精油原料	使用方法
1	疼痛釋放配方	8-10滴 永久花 8-10滴 薰衣草	將永久花和薰衣草精油與120毫升基底油混合在深色玻璃瓶子裡，擦在疼痛的區域，對頭痛、關節炎和肌肉纖維疼痛有幫助。
2	多用途清潔噴霧配方	10滴 檸檬 10滴 甜橙 10滴 山雞椒 1/4 杯白醋	將所有成分加入100毫升噴霧瓶中，用蒸餾水裝滿瓶子，濃度可依照瓶子大小自行調整。
3	緩解暈眩配方	2滴 生薑 2滴 永久花 2滴 天竺葵 2滴 羅勒 2滴 薰衣草	將所有精油混合在一個10毫升的滾珠瓶中，並裝滿椰子油或杏仁油。每天4次塗抹於頸後和耳後。
4	性感床邊噴霧	5滴 檀香 3滴 玫瑰 2滴 生薑 7滴 依蘭依蘭 3滴 乳香 30 毫升伏特加	將所有成分混合在一個30毫升的噴霧瓶中，早晚噴灑在您的床上，以獲得振奮人心的浪漫體驗。
5	愛的頻道配方	2滴 依蘭依蘭 3滴 佛手柑 1滴 香草 2滴 玫瑰 1滴 岩蘭草 3滴 雪松	將所有精油添加到10毫升滾珠瓶中，並裝滿椰子油或甜杏仁油。適用於您的頸部和手腕。

編號	配方名稱	精油原料	使用方法
6	曬傷修復配方	10滴 永久花 10滴 薰衣草 3滴 薄荷	在一個小玻璃罐中，將這些精油與5湯匙蘆薈凝膠混合。根據需要塗抹在曬傷區域。
7	肌肉酸痛配方	5滴 尤加利 4滴 薄荷 2滴 生薑 1滴 黑胡椒 3滴 絲柏	在一個小玻璃罐中，將這些精油與5湯匙蘆薈凝膠混合。根據需要塗抹在患部。
8	平息緊張情緒配方	2滴 西伯利亞冷杉 1滴 香蜂草 3滴 甜橙 3滴 依蘭依蘭 3滴 乳香	將所有精油倒入一個10毫升的滾珠瓶中，並用基底油填充。根據需要或在有壓力的情況下，塗抹在您的脖子和手腕上。
9	疲勞剋星配方	4滴 葡萄柚 3滴 迷迭香 3滴 薄荷	將所有精油添加到10毫升的滾珠瓶中，並加入基底油。根據需要塗抹在您的脖子和手腕上。您還可以將這個複方精油添加到薰香機中，並將它放在辦公桌附近。
10	海灘的放鬆感配方	3滴 薰衣草 2滴 佛手柑 1滴 檸檬 1滴 檀香木 9毫升純水	將所有成分混合在一個10毫升的噴霧瓶中，然後加入一小撮海鹽並攪拌均勻。噴灑在您的頭髮和身體上，以獲得令人振奮的體驗。

編號	配方名稱	精油原料	使用方法
11	創造積極配方	1滴 生薑 1滴 萊姆 1滴 綠薄荷 1滴 甜橙	將這些精油添加到薰香機中。早上使用，開啟美好的一天。這個配方也非常適合浴室。您可以將用量增加到每種精油10滴，然後將其加入裝有50毫升伏特加或75%以上的酒精噴霧瓶中，製成浴室噴霧。
12	進入森林擴香配方	2滴 西伯利亞冷杉 2滴 絲柏 1滴 冬青	將此複方精油添加到薰香機中。早上使用，以開啟美好的一天。
13	愛自己沐浴鹽配方	4滴 萊姆 2滴 桂花 3滴 佛手柑 1滴 乳香 250 公克瀉鹽	在玻璃碗中充分混合所有成分，然後存放在乾燥玻璃罐中。可以加入一些自己喜歡的乾燥花，更添風味。您可以使用乾燥玫瑰花、菊花或薰衣草。這個浴鹽配方可以分兩次使用。使用時，在浴缸中加入溫水，加入一半的浴鹽配方（125克），等到它們溶解後再進入浴缸。點亮一些蠟燭，在夜間享受這個沐浴，享受一種神聖的體驗。

編號	配方名稱	精油原料	使用方法
14	靜脈曲張專用滾珠配方	2滴 檸檬草 4滴 絲柏 4滴 乳香 2滴 永久花 10毫升椰子油	將所有成分混合在一個10毫升的滾珠瓶中，早晚塗抹在您的靜脈曲張部位上。
15	戒糖配方	3滴 薄荷 2滴 甜橘 1滴 葡萄柚 1滴 中國肉桂	將這些精油添加到薰香機中。早上使用，開啟美好的一天。
16	敏感肌膚護手霜配方	15滴 薰衣草 5滴 快樂鼠尾草 5滴 羅馬洋甘菊 10滴 檀香木 10滴 紅桔 50ml無香護手霜	早晚塗抹，為敏感肌膚提供強大保護。這個配方也可以用在發炎紅腫部位，拿掉紅桔並用荷荷芭油稀釋即可。
17	清新專注配方	4滴 乳香 3滴 杜松子 2滴 迷迭香	將這個配方添加到無香味的洗髮精中，以獲得令人驚嘆的專注感受。確保將這個配方與至少100毫升的液體無香洗髮精混合。按照洗髮精的說明及習慣使用。
18	覺得累配方	2滴 杜松漿果 4滴 甜橙 4滴 葡萄柚	將所有精油添加到10毫升的滾珠瓶中，並裝滿基底油。根據需要塗抹在您的脖子和手腕上。您還可以將這種複方精油添加到薰香機中，並將其放在辦公桌附近。

編號	配方名稱	精油原料	使用方法
19	鼻竇支撐配方	1滴 茶樹 1滴 薄荷 1滴 百里香 1滴 檸檬	・將水加熱至沸騰，並小心地將熱水倒入碗中。 ・將上述精油混和並倒入熱水中。 ・打開定時器。 ・將毛巾蓋在後腦勺上，然後俯身，讓臉靠近水面，露在水面外（距離水面20至30公分），但要確保水溫不會太熱，以至於無法承受。 ・閉上眼睛，通過鼻子緩慢深吸氣至少2到5分鐘。 ・每次蒸汽時間不要超過10到15分鐘。但是，如果您仍有症狀，可以每天重複吸入蒸汽2到3次。 ・不應直接對著冒著熱氣的水壺或沸騰的水吸氣，蒸汽會灼傷皮膚。
20	生髮噴霧配方	10滴 迷迭香 10滴 雪松 7滴 薄荷 7滴 天竺葵 50 毫升純水	將所有成分加入一個50毫升的噴霧瓶中。早晚噴在頭髮上，用指尖輕輕按摩頭皮（使用前搖晃瓶身）。
21	連接神聖—冥想配方	1滴 廣藿香 2滴 側柏 1滴 乳香	將此複方精油添加到薰香機中。在您的冥想之前使用這個配方來幫助您連結您的內在指導靈。

編號	配方名稱	精油原料	使用方法
22	微風輕拂配方	3滴 樺木 2滴 古巴香脂 1滴 雪松 1滴 羅馬洋甘菊	將上述精油依比例融合後，滴在薰香機中薰香，幫助您放鬆並忘卻煩惱，如在山中受到微風輕拂般的舒適。
23	冬季火爐配方	3滴 肉桂 2滴 黑雲杉 2滴 丁香	將此複方精油添加到薰香機中。在寒冷的夜晚使用這個配方。溫暖的香氣會給您一種受到保護的感覺。
24	荷爾蒙平衡配方	3滴 快樂鼠尾草 2滴 薰衣草 2滴 雪松 3滴 白玉蘭 1滴 羅馬洋甘菊	將所有精油混合在一個10毫升的滾珠瓶中，早晚塗抹在您的脖子、腹部和腳踝上。
25	心咒配方	2滴 甜橙 1滴 山雞椒 2滴 廣藿香 3滴 乳香	將所有精油混合在一個10毫升的滾珠瓶中，早晚塗抹在您的胸口上，同時重複您最喜歡的自我肯定語。
26	頭痛支持配方	2滴 乳香 2滴 馬鬱蘭 2滴 古巴香脂 10滴 基底油	至少用10滴基底油稀釋，每天沿著脊柱按摩4次，直到症狀消退。

編號	配方名稱	精油原料	使用方法
27	女神精華液配方	乾燥金盞花 少許 荷荷芭油約10毫升 1滴 藍蓮花 1滴 薰衣草 1滴 依蘭依蘭 1滴 藍艾菊	將所有成分加入10毫升的滾珠瓶中，用荷荷芭油填滿，充分混和後，於晚上睡前適量塗抹於臉部。
28	臉部和身體磨砂膏配方	8湯匙 砂糖 1湯匙 椰子油 1湯匙 荷荷芭油 2茶匙 乾燥玫瑰花瓣 5滴 天竺葵 3滴 橙花	在攪拌機中混合後，儲存在密封容器中，在淋浴時取1/2湯匙擦洗身體，使身體和臉部光滑平順，建議2週內使用完畢。
29	超級流感炸彈配方	1滴 永久花 1滴 百里香 1滴 丁香 1滴 芫荽葉 1滴 牛至	薰香：在薰香機中加入一些水，滴入配方精油薰香即可。 外用：將此配方加入10毫升基底油的滾珠瓶中，每天使用。
30	消化支持配方	2滴 薄荷 1滴 芫荽籽 2滴 生薑 1滴 豆蔻 2滴 茴香 2滴 芹菜籽	在滾珠瓶中加入10毫升基礎油，飯後或根據需要塗抹在肚臍周圍。
31	蟲子消失了配方	5滴 香茅 3滴 側柏 2滴 尤加利 5滴 檸檬草 3滴 薄荷	在一個50毫升的噴霧瓶中，加入1湯匙金縷梅液，50毫升的水並充分混合。噴灑在衣服上，輕輕地擦在身體上，在戶外時可驅趕蚊子和蟲子。

編號	配方名稱	精油原料	使用方法
32	腳指甲噴霧劑配方	3滴 茶樹 5滴 尤加利 3滴 芫荽葉 7滴 麥盧卡	在30毫升的噴霧瓶中，加入10毫升金縷梅液和20毫升的水。加入精油並搖動以完整混合。早晨和晚上噴在腳趾上。您還可以噴在鞋子上，讓其自然乾燥以保持清爽。
33	刮鬍液配方	40毫升荷荷芭油 10毫升玫瑰水 5滴精油溶解液（可加可不加） 5滴 乳香 5滴 薰衣草 5滴 玫瑰草 5滴 沒藥	將荷荷芭油和玫瑰水放在噴霧瓶中。加入精油並搖動混和均勻。使用時，直接噴在皮膚上，或壓2-3下的量放入手掌上，然後塗抹在下巴的皮膚上。
34	滿月魔法配方	5滴 乳香 3滴 甜橙 2滴 西伯利亞冷杉 2滴 廣藿香 1滴 側柏 1滴 生薑 1滴 檜木	將所有精油加入10毫升滾珠瓶中，然後填充基底油。根據需要塗在脖子和手腕上。您還可以將這配方的1/4的精油量滴到薰香機中，然後將其放置在桌子附近。
35	咳嗽救星配方	3滴 豆蔻 7滴 尤加利	在滾珠瓶中與10毫升基底油混合，在鼻子堵塞或咳嗽時每天塗在背部、胸部和腳底3次。

編號	配方名稱	精油原料	使用方法
36	殺菌軟膏配方	1/2杯 椰子油 1/2杯 杏仁油 2湯匙 蜂蠟 5滴 薰衣草 5滴 穗甘松 3滴 茶樹 3滴 乳香	做法：在雙鍋爐中融化蜂蠟。融化後，加入椰子和杏仁油，直到一切都充分融合。兩鍋材料合併後，放置2-3分鐘冷卻一下，然後再添加所有精油。攪拌完畢並靜置2個小時。使用時，每天塗抹皮膚或受影響區域3-4次，以舒緩任何感染的部位。
37	放鬆幸福浴鹽配方	5滴 薰衣草 5滴 苦橙葉 3滴 茴香 2滴 甜橙 1杯瀉鹽 1杯喜馬拉雅鹽	將所有材料混合，存放在密封罐裡，每次洗澡放入2到4湯匙。這配方將提供放鬆的體驗，非常適合在經歷壓力大的一天後，睡前泡澡使用。
38	胸部up up配方	6滴 粉紅胡椒 3滴 乳香 3滴 葡萄柚	將精油加入10毫升滾珠瓶，然後加上基底油。使用這種配方，每天按摩乳房和腋下兩次。
39	閃閃發光面膜配方	3-5滴薑黃精油 2湯匙 麵粉或粉紅色黏土 3湯匙 優格 幾滴蜂蜜	將材料混合在一起成糊狀。在臉上塗上厚厚一層，靜置10分鐘後將臉部沖洗乾淨，塗上您最喜歡的保濕霜。

編號	配方名稱	精油原料	使用方法
40	**山間微風 清新空氣 薰香機 配方**	2滴 道格拉斯冷杉 2滴 西伯利亞冷杉 1滴 甜橙 1滴 葡萄柚	精油混和後添加到薰香機並好好享受。

脈輪複方滾珠精油配方

編號	配方名稱	精油原料	使用方法
1	海底輪複方滾珠精油配方	2滴 天竺葵 1滴 肉桂 3滴 甜橙 2滴 依蘭依蘭 2滴 廣藿香	將所有精油混合在一個10毫升的植物油滾珠瓶中，早晚塗抹在下肢，同時重複您最喜歡的肯定語。
2	臍輪複方滾珠精油配方	2滴 依蘭依蘭 3滴 甜橙 3滴 快樂鼠尾草 2滴 生薑	將所有精油混合在一個10毫升的植物油滾珠瓶中，早晚塗抹在下腹部，同時重複您最喜歡的肯定語。
3	太陽神經叢輪複方滾珠精油配方	3滴 檸檬 1滴 檸檬香桃木 1滴 岩蘭草 2滴 佛手柑 1滴 乳香	將所有精油混合在一個10毫升的植物油滾珠瓶中，早晚塗抹在肚子上，同時重複您最喜歡的肯定語。
4	心輪複方滾珠精油配方	4滴 薰衣草 2滴 佛手柑 1滴 茉莉 1滴 玫瑰草	將所有精油混合在一個10毫升的植物油滾珠瓶中，早晚塗抹在胸口，同時重複您最喜歡的肯定語。
5	喉輪複方滾珠精油配方	2滴 檀香 1滴 綠薄荷 3滴 薰衣草 2滴 西伯利亞冷杉	將所有精油混合在一個10毫升的植物油滾珠瓶中，早晚塗抹在脖子上，同時重複您最喜歡的肯定語。

編號	配方名稱	精油原料	使用方法
6	眉心輪複方滾珠精油配方	3滴 西洋蓍草 2滴 迷迭香 2滴 快樂鼠尾草 2滴 玫瑰	將所有精油混合在一個10毫升的植物油滾珠瓶中，早晚塗抹在額頭上，同時重複您最喜歡的肯定語。
7	頂輪複方滾珠精油配方	1滴 生薑 2滴 依蘭依蘭 2滴 羅馬洋甘菊 2滴 乳香	將所有精油混合在一個10毫升的植物油滾珠瓶中，早晚塗抹在頭皮上，同時重複您最喜歡的肯定語。

關於作者

　　女巫莫妮卡是一位療癒師，為世界各地的客戶提供服務，並擁有將近23年的塔羅和神諭卡解牌經驗。她還是一位直覺和靈性導師，曾在澳大利亞各地舉辦研討會、課程和演講。

　　莫妮卡已經完成了3個商業學位，並擁有塔羅、療癒療法、靈氣、瑜伽、催眠、前世回溯等多個證書。這種靈性和物質技能的結合使莫妮卡能夠在兩個世界中提供最好的服務。

　　憑藉對教學和分享知識的熱情，莫妮卡幫助許多人找到了自己的道路，實現了他們夢想的生活。她已經認證了數百名能量療癒和塔羅專業人士。

　　莫妮卡對植物和芳香療法有著極大的熱情，喜愛閱讀和研究，分享靈性知識是她的神聖使命。

　　她是一位在委內瑞拉出生的義大利裔，自2006年以來一直居住在澳大利亞。現在她和兩個年幼的女兒和心愛的男人住在昆士蘭州的陽光海岸。她很高興把澳大利亞當作她的家。

　　如果想了解更多關於莫妮卡的資訊或是她的研討會和課程，或是尋求芳香療法建議，請造訪她的網站：www.theenchantress.com。

　　「我想感謝你和我相遇」 - 女巫莫妮卡

關於插畫家

布里奇特・艾克曼（Bridget Acreman）是一位居住在雪梨的動態圖形藝術家和插畫家。她喜歡使用鮮豔的色彩來幫助她的藝術栩栩如生，使人們微笑。你可以在 Instagram 上找到她：
Instagram：@strayleaves_
網站：www.strayleaves.com
繪製的牌卡：快樂鼠尾草、香茅、天竺葵、葡萄柚、薰衣草、白玉蘭、廣藿香、苦橙葉、香草。

艾米麗・伊利斯（Emily Illies）是位妻子和兩個孩子的媽媽。她的風格和主題非常多樣化，但也喜歡水彩畫。她熱愛自由的藝術，但也歡迎委託創作。
Facebook：www.facebook.com/emizillies
繪製的牌卡：丁香、萊姆。

伊莎貝拉・瑪麗亞・比安奇尼-伍德（Isabella Maria Bianchini-Wood）是一位南澳藝術家，目前創作插圖和版畫，探索女性氣質、人性和自然世界之間的關聯。通過花卉意象、解剖學和肖像畫，她捕捉到了人體與自然之間的親密關係。
Facebook：www.facebook.com/isabellamariaart
繪製的牌卡：豆蔻。

凱爾・胡梅爾（Kel Hummel）是一位澳洲藝術家，她結合了不同的技術和媒介。她擁有室內設計高等文憑和插圖與平面設計學士學位。
繪製的牌卡：側柏、芫荽葉。

克里斯蒂・奧尼爾（Kristy O'Neil）是三個女孩的母親，也是來自阿德雷德的業餘藝術家。因為她擁有廣泛的藝術技能，時常有廣泛的工作機會。她愉快地與所有媒體一起工作。
Facebook：www.facebook.com/saltyfoxstudio
繪製的牌卡：羅勒、藍艾菊、雪松、肉桂、古巴香脂、孜然、

蒔蘿、乳香、檸檬、檸檬香桃木、山雞椒、紅桔、麥盧卡、茶樹、香蜂草、薄荷、羅馬洋甘菊、玫瑰、穗甘松、甜橘、百里香、岩蘭草、甜橙、依蘭依蘭。

弗朗西斯科·馬林·潘喬（Francisco Marin 'Pancho'）是委內瑞拉加拉加斯的一位藝術家、高階藝術總監和攝影師。 如需了解他的更多藝術作品，您可以在 Instagram 上關注他，或向他發送電子郵件。
Instagram：@franciscomarin_artistaplastico
e-mail：artistafranciscomarin@gmail.com
繪製的牌卡：樺木、黑雲杉、藍蓮花、芹菜籽、芫荽、桂皮、絲柏、生薑、檜木、茉莉、馬鬱蘭、沒藥、牛至、桂花、粉紅胡椒、薑黃、檀香木、西伯利亞冷杉。

米歇爾·恩切夫（Michelle Eoncheff）是一位阿德雷德的新興視覺藝術家。她的作品新奇且另類，通過超現實和有趣的敘述方式探索我們周圍的世界。 如需了解她的更多藝術作品，您可以在 Instagram上關注她。
Instagram：@m.cat_visual_arts
繪製的牌卡：黑胡椒、尤加利、杜松漿果、冬青。

佩吉·查孔·卡拉斯科（Peggy Chacón Carrasco）是一位平面設計師、藝術家和工匠，同時也是一名占星家和靈媒。 她住在委內瑞拉加拉加斯，她的藝術充滿生機和色彩。 她的技法清晰而美麗，靈性藝術是她的熱情所在。您可以通過電子郵件聯繫她。如需了解她的更多藝術作品，您可以在 Instagram上關注她。
E-mail：peggy.arteycuadernos@gmail.com
Instagram：@peggychc_art_design
繪製的牌卡：佛手柑、道格拉斯冷杉、茴香、橙花、玫瑰草、迷迭香、綠薄荷、西洋蓍草。

參考文獻

Cowan, E. 'Plan Spirit Medicine'. Sounds True (2014)

Segal, I. 'The Secret Languages of the Body'. Blue Angel (2014)

Emotions and Essential Oils, Enlightened Healing, (2016)

DOI: www.enlightenhealing.com

The Essential Life, 3rd Edition. Total Wellness Publishing (2017)

Chamberlain, L. 'Wicca Essential Oils Magic'. Wicca Shorts (2017)

Sellar, W. 'The Directory of Essential Oils'. The C. W. Daniel Company (1992)

Chapman, J. 'Aromatherapy, the recipes for your oils burner'. Harper Collins Publishers (1998)

請注意：

　　這本書和牌卡是以教育和娛樂目的為主。它不用於診斷、處方或治療任何身體、情緒或精神狀況。本書的作者、插畫家和出版社對使用本書和牌卡中所包含的資訊，直接或間接造成的任何損害、損失或傷害概不負責。本書中的資訊並不適合用來代替醫療建議。在使用任何精油之前，請諮詢你的家庭醫生或合格的芳療師。

NOTES

NOTES

國家圖書館出版品預行編目 (CIP) 資料

精油直覺卡：70 種精油訊息 x40 種實用配方，舒緩情緒不安，滋養身心正能量 / 莫妮卡．費娜佐（Monica Finazzo）著；趙仁傑譯 . -- 初版 . -- 新北市：大樹林出版社，2023.09
面；　公分 . -- （change；10）
譯自：Oracle of the essences, 3rd ed.
ISBN 978-626-97115-9-8（平裝）
1.CST: 占卜 2.CST: 香精油 3.CST: 芳香療法
292.96   112010470

系列／ Change 10

精油直覺卡
70 種精油訊息 x 40 種實用配方，舒緩情緒不安，滋養身心正能量
Oracle of the Essences 3rd Edition

作者／莫妮卡・費娜佐（Monica Finazzo）
譯者／趙仁傑
總編輯／彭文富
編輯／賴妤榛
校對／王瀅晴
排版設計／張慕怡
出版者／大樹林出版社
營業地址／ 23357 新北市中和區中山路 2 段 530 號 6 樓之 1
通訊地址／ 23586 新北市中和區中正路 872 號 6 樓之 2
電話／ (02) 2222-7270・傳真／ (02) 2222-1270
E-mail ／ notime.chung@msa.hinet.net
官網／ www.gwclass.com
FB 粉絲團／ www.facebook.com/bigtreebook
發行人／彭文富
劃撥帳號／ 18746459　戶名／大樹林出版社
總經銷／知遠文化事業有限公司
地址／ 222 深坑區北深路三段 155 巷 25 號 5 樓
電話／ 02-2664-8800　傳真／ 02-2664-8801
初版／ 2023 年 09 月

大樹林 Youtube 頻道

大樹林芳療諮詢站

Oracle of the Essences 3rd Edition
Copyright © 2018 Monica Finazzo

定價／ 1080 元・港幣：360 元
ISBN ／ 978-626-97115-9-8
◎本書如有缺頁、破損、裝訂錯誤，請寄回本公司更換。
◎本書為單色印刷的繁體正版，若有疑慮，請加入 Line 或微信社群洽詢。